PALAVRAS EM TONS DE AZUL

Partilhar palavras antes que o vento as leve

Virgínia Dias

ISBN- 9788468681849
Cover photo and design by: Virgínia Dias
Library of Congress Control Number: 2018675309
Printed in the United States of America

CONTENTS

DEDICATÓRIA

A P.O.M. que fez renascer em mim
o gosto pela escrita que há muito estava adormecido

Ao meu pai, fã do que escrevo,
me convenceu e apoiou na publicação deste livro

Aos que de todos os continentes, leram
e acompanharam o blogue
Palavras em Tons de Azul

INTRODUÇÃO

A percebi-me desde a adolescência ter um gosto especial pelas palavras escritas.

Comecei por gravá-las num diário que me foi oferecido quando completei 15 anos. Era um diário de capa de cabedal bege com um cadeado e chave.

Iniciei a minha escrita naquelas páginas imaculadas para depressa as rasgar; tal era o receio, de apesar de o diário poder ser fechado à chave, alguém pudesse abri-lo na mesma, e ler o que eu lá tinha escrito. O diário passou a ficar vazio de palavras e eventualmente perder-se numa das muitas mudanças de residência.

Passei a escrever em folhas soltas que escondia onde podia.

Rasguei muito do que escrevi ao longo dos anos, porque o que me saía automaticamente da alma num dia, nos outros seguintes já queria emendar.

Houve quem quisesse corrigir a minha escrita mas não permiti. Acho que a nossa escrita, boa, má ou assim-assim, é como a nossa impressão digital, é única.

Um dia ouvi um dos meus poemas ser lido numa sessão pública e corei, mas gostei tanto que pensei:...afinal, em vez de escrever em folhas soltas poderia começar a partilhar as palavras...

Assim – "Palavras Em Tons De Azul - partilhar palavras antes que o vento as leve" passou a ser o blogue onde a partir de 8 de Abril de 2008 partilhei os meus escritos reunindo palavras de amor, crítica ou sátira, todas em tons de azul.

Os textos, em forma de poesia, narrativa, micro-contos ou contos, acompanhados de humor, desalento ou melancolia - autênticos desabafos conforme os estados de alma de uma criativa de nascença, em formação contínua para o aperfeiçoamento da vida, foram-se multiplicando ao longo dos anos até surgir a ideia de os colocar em formato de livro, gravando-os para a posteridade.

Assim, um a um, os escritos tiveram de ser retirados do blogue, por questões que regulamentam os direitos de autor, e começaram a dar entrada neste livro que não poderia ter outro título senão **Palavras Em Tons de Azul.**

AZUL

Entre o céu e o mar
tons de azul
pingam
gotejam
e transbordam num infinito de palavras
em pleno tons de azul

PALAVRAS, PALAVRAS, AS MINHAS SÃO EM TONS DE AZUL

Há quem dê importância às palavras, há quem não dê.

Há quem dê mais relevância às palavras escritas que as faladas.

Há quem acredite em qualquer palavra, e há quem não acredite em nenhuma.

Há quem use palavras por tudo e por nada e há quem fuja delas como diabo da cruz.

Há palavras que começam por ser verbalizadas e depois escritas.

Há palavras pensadas, redigidas e só depois proferidas.
Há palavras pronunciadas que nunca são passadas ao papel.

Há palavras pensadas que nunca chegam a ser ditas e muito menos lavradas.

Há palavras descaradas outras envergonhadas.

Há palavras enigmáticas outras cristalinas.

Há palavras redondas outras bicudas.

Há palavras que caem no goto e outras em saco roto.

Há palavras doces, outras amargas e outras ainda, picantes.

Há quem goste de meias palavras, mas eu gosto das completas.

Há palavras em todas as cores, e as minhas são em tons de azul.

MINHAS REFLEXÕES CURTAS

Há palavras que invadem o meu pensamento de forma muito fugaz e por vezes não me dão tempo de as memorizar ou escrevê-las num pedaço de papel para serem mais tarde partilhadas.

Há outras, que no entanto, me dão a oportunidade de serem gravadas em qualquer pedacinho de espaço ou suporte, e essas foram sendo coleccionadas com o título de:

Minhas Reflexões Curtas

Quando vires a onda a aproximar-se
não hesites porque poderás perdê-la!

*

Quando o amanhecer é tarde

os dias são estrelados
e as noites solarengas.

*

Não gosto de perder tempo
Mas perco-me nele
Gastando pedaços com réstias de ti

*

Não me olhes de cima
Não me olhes de baixo
Olha-me nos olhos
E verás bem o que digo

*

Gosto de olhar
o horizonte no vazio
quando está cheio de ti

Não leves a vida sempre a sério
Ri-te dela
Ri-te para ela
E sobretudo
Ri-te de ti

*

Se a vida
te der limões
vende-os e planta uma laranjeira

*

As palavras certas
são
como o dia a nascer cheio de Sol

*

A noite chorou

pela minha ausência
e o dia sorriu
ao ver-me regressar

*

Em vez da preocupação da realidade
Desfruta de uma boa fantasia

Dá-me a tua mão e deixa-me ajudar-te;
Amanhã pedirei que me emprestes a tua.

*

Vivo a aprender
Ou vivo para aprender?

*

Não me olhes no passado
Olha-me no presente
Com mira no amanhã

*

Claro que gosto de ti pelos teus lindos olhos
Mas muito mais ainda
Pelo reflexo que transmitem
Quando olham os meus.

*

Quando o silêncio se entranha
Ouço-te
Quando o céu se acinzenta
És arco-íris

CAIXINHA DE SEDA AZUL

Aninhada em pensamentos
de um ontem preciso,
retardo o amanhecer.

Protelo momento a momento
não abrindo os olhos p'ra ver a luz.

A chuva lá fora serve de pretexto,
os lençóis azuis aumentam-no
com carícias leves, quase ternas,
no meu corpo sem traje de preconceito.

Pareço ouvir um sussurro
ecoando um incessante "fica".

Não sinto razão para sair deste estado
de doce, quão sensual, preguiça.

Deixo-me embalar,
vou-me quedando,
acomodando, usando qualquer desculpa.

Quase sem perceber,
levito nas asas do meu anjo da guarda,
pedindo-lhe que me deixe pousar
numa nuvem branca e fofa para meditar.

De repente acordo,
ouço a passarada em euforia,
abro as portadas da janela,
e eis que o Sol voltou
devolvendo luz de esperança a todo o prado.

As gotas de chuva,
essas em número incalculável
pousam,
balançando-se em tudo
o que é vivo
e verde na planície.

Brilham como diamantes,
enquanto um arco-íris soberbo
mostra-se resoluto e absoluto
sabendo bem demais
que completa uma tela vívida.

Sento-me na soleira da janela
deslumbrada por tanta cor,
ofuscada por tanta luz.

Respiro fundo, suspiro
e selecciono as minhas memórias.

Agarro-as uma a uma,
beijo-as em pensamento,
guardo-as numa caixinha de seda azul
e parto rumo às multi-cores
que a dádiva da vida me brinda.

A SEGURANÇA DA INCERTEZA

Ouço-te por entre o ronronar das ondas
Que dessincronizadas
Batem nos pequenos rochedos
Desfazendo-se
Em espuma branca
Regredindo
Recomeçando
Voltando
Ao início
De onde vieram.

Que dizes?
- Não sei, talvez
- Não
- Sim
- Melhor não, mas talvez sim.

Caminhas nas incertezas
Tal qual as ondas
Que deslizam
Por entre
Areia
Rochedos
E pessoas
Que se alinham desalinhadamente

Na vastidão de vida
Que pretende
Ser feliz.

Que dizes?

- Sim, talvez
- Não sei
- Tenho dias.

E no meio das incertezas
Eis que tudo recomeça
Como as ondas
Que se desfazem em espuma
Regridem
Recuam
Ganhando força
Para nova investida
Nova vida
Novos dias, novas marés.

CONVERSA COM O ESPELHO

- Espelho meu, espelho meu, haverá alma mais transparente que a minha?- De repente, penso que não, e daí talvez sim, mas sabes minha filha tu fazes parte de uma minoria muito "minoritariamente" pequena.

- Mas porquê, espelho meu? Porque é que tanta gente finge? Parece que andam sempre a brincar ao faz de conta, mas até ao faz de conta que eu brincava quando era menina, tinha de ser uma brincadeira muito real, muito no seu sítio, muito organizado, limpo, bonito, confortável, e ai de alguém que mo estragasse. Ai de alguém? Oh, chorava em silêncio, era isso que fazia, sempre fui assim!

- Pois é minha linda mas sabes que não somos todos iguais não sabes?

- Querido espelho, claro que sei, mas é frustrante não achas? Parece que todos envergam o mesmo uniforme cinzento-escuro, muito sóbrio e comprido para não deixar passar os raios de sol que iluminam as nossas manhãs.

- E depois, com tanta sobriedade e escuridão onde estão os sorrisos, onde estão as gargalhadas? Será que ninguém se vê ao espelho, será que ninguém gosta de ti espelho meu?

- Gostar até gostam, mas à sua maneira, inventando a verdade.

- Mas como se faz isso? E para quê?

- Minha linda não és ingénua pois não? Então deves saber que o faz de conta, o inventar a verdade, lhes é cómodo, não dá trabalho, é só seguir aquilo que a grande maioria faz.

- Ai espelho meu, isso percebo eu, que é por falta de coragem para serem autênticos que são assim, eu até acho que nem te limpam para não se verem bem! Olha comigo, não é assim pois não?

- Claro que não, tu ainda por cima, tens um daqueles irmãos meus que aumentam a imagem não sei quantas vezes, olha uma daquelas modernices que as senhoras usam para se maquilharem.

- Pois tenho, é para me ver melhor, e tu pões-te a dizer: - Não olhes nesse, vais ver as rugas! Ao que eu te respondo: Oh, quero lá saber das rugas, elas são símbolo de todos os meus sorrisos e beijos, ó não sabes tu que eu sou muito sorridente e beijoqueira, não vês que estas rugas são rugas de expressão?

- Oh, a conversa é sempre a mesma, lá isso é verdade...sorridente e beijoqueira és, expressiva claro que também és, aliás não enganas ninguém por isso esta coisa da transparência às vezes também te faz chorar não é minha linda?

- É verdade, tens razão, mas às vezes também choro e rio ao mesmo tempo.

- Oh mas isso é porque adoras estar na brincadeira e depois acontece isso, até esborratas a maquilhagem, mas eu estou a falar de quando alguém te magoa porque foste tão transparente que viram a tua alma e abusaram dela.

- Ai não querido espelho, não vamos falar disso, até porque por muito que insistas eu não vou deixar de te limpar muito limpinho para que fiques totalmente reluzente e eu me veja bem, mas mesmo bem, com todas as minhas rugas e todas as minha imperfeições.

- Olha nem penses, aliás tu já conheces a minha afamada frase, que não é minha mas eu adoptei-a, aquela "faço o que eu quiser, ninguém manda em mim", por isso pára de tentar convencer-me a falar disso. Além disso não me disseste que nem todos somos iguais? Pois então, olha, eu sou assim, gosto de ser transparente. Olha lá, tens aí uma manchita, espera, vou buscar o glassex!

- Ai, não acredito, lá vem ela com a mania das limpezas, já cheee-eega! Não vês que começo a espirrar por causa das alergias? Também com as tuas manias dos produtos naturais não percebo porque é que ainda usas isso?

- Pronto, pronto, agora está melhor, mas onde íamos nós?

- Nós, nós? Eu nunca vou a lado nenhum, estou sempre pendurado nesta maldita parede fria que às vezes arma-se em parva e faz-me cócegas, e eu que já estou a ficar velho já não acho graça nenhuma a estas brincadeiras. Agora tu, tu é que andas sempre de um lado para o outro, ora vais à vila, ou ao estrangeiro, ou à cidade, ou à grande capital, ora vais para a outra, qual é mesmo (?) acho que já me esqueci do nome, aquela lá mais para o norte, aquela tua preferida (!) tu pões-me tonto com tanta volta que dás, esquece, esquece, sei que já te vais zangar comigo.

- Pronto agora acertaste, e sabes porque me zango? Sabes, sabes? Porque não tenho tempo para te dar resposta a tudo isso que me dizes, essa do seres velho e tal, e de não gostares de brincadeiras, e essa de eu andar de um lado para o outro, então, então olha passaste-te, passaste-te mesmo meu amigo.

- Vá lá acalma-te, eu sei que tens trabalho a fazer, falamos disso outro dia, está bem?

- Sim pode ser, olha só mais uma coisa, sabes porque gosto tanto de ti?

- Já me disseste várias vezes, mas eu também sei que quando gostas tens necessidade de o repetir, não é minha linda? Diz lá então...

- Gosto de ti porque reflectes-me todas as minhas verdades, deixas-me ver tal qual eu sou, e como eu tenho a mania das transparências, acho que és um dos meus melhores amigos, obrigada! Ciao, ciao, já viste o lindo sol que está lá fora?

E o canto dos passarinhos, ouves?

Até logooooooooooooooooooooo!

DIVAGANDO

L onge de tudo
mais perto de mim
encontro o que quero e desejo
num reencontro com a natureza,
essa beldade que não nos agride
desde que a deixemos intocável.

As cores intensas
os cheiros inebriantes
e doces de um Verão quente,
são motores
para a força interior que sinto a cada manhã.

O sonho que me transporta será igual a tantos,
mas este sendo autenticamente meu,
a mim dá-me um sabor especial
e apenas a mim me arrepia!

Exclusividade

na realidade ninguém a tem
mas enquanto pensamos que somos únicos,
sentimo-nos mais importantes,
trata-se do nosso ego à flor da pele.

Somos carentes quer queiramos admitir quer não,
sentimo-nos sempre bem
quando rodeados por quem somos acarinhados,
por quem somos queridos
nem que seja por uma única pessoa.

DEIXA-ME FICAR

Deixa-me ficar
Deixa-me olhar.

Deixa-me ficar a olhar
os lírios do campo
Que tentam impor-se por
entre as calêndulas e as camomilas.

Deixa-me respirar da calmaria
que me afaga o rosto
Me aquece a alma,
me aconchega o coração
e me renova a razão.

Não me interrompas com ruídos menos importantes
Não me distraias com nadas descoloridos
Não me tapes a vista com sebes pretenso-altaneiras e densas
Não me embacies o cristalino que há em mim.

Deixa-me simplesmente ficar.

DIAS EM AZUL MAIOR

Tenho dias tristes
Tenho-os felizes
Coloridos
Repletos de alento.

Tenho dias cinzentos
Tenho-os cheios de luz
Fixados numa aura em arco-íris

Tenho dias deprimentes
Tenho-os delirantes
Deslumbrados em sorrisos.

Tenho todos os meus dias não contados
Escritos
Delineados
Pautados
Pintados
Tatuados no céu em Azul Maior.

NOITE SEM PALAVRAS

(Intrigante Universo dos Sonhos)

Era uma noite fria no início de Inverno, uma noite sem palavras faladas em língua universal.

Havia escurecido há pouco; o silêncio, impunha-se nas pequenas e breves pausas das rabanadas de vento, que faziam bater as janelas de forma intermitente com um assobio, que se ouvia quando o vento largava a sua fúria.

Na lareira crepitava o fogo de um tronco imenso, rodeado de pernadas pequenas que lhe mantinham uma labareda intensa, fazendo simulações de corpos dançantes, interlaçados e que sem decoro se exibiam com grande mestria em movimentos ondulantes e sem qualquer simetria.

Como uma pena macia que toca ao de leve, um beijo suave foi depositado na sua testa, por uns lábios quentes, carnudos e muito ligeiramente humedecidos, sem qualquer troca de palavras.

Dois corpos acomodaram-se junto à lareira sem se olharem, levemente tocando-se de cabeça até à ínfima ponta dos pés.

Enfeitiçados pelas figuras dançantes das labaredas petulantes, sem palavras deixaram-se adormecer.

- Um dia vais cansar-te de esperar por mim e vais-me esquecer.

- O quê? Acordou de sobressalto no seu quarto, e sentando-se bem no centro da sua cama arregalou bem os olhos, olhou à sua volta mas não viu ninguém.

Onde estavam a voz que lhe tinha sussurrado aquelas palavras ao ouvido, o corpo que lhe havia aquecido aquela noite de Inverno sem palavras, os lábios quentes e carnudos que sem voz lhe haviam falado palavras mudas de língua universal?

Fechou os olhos e voltou a abri-los num ápice, apercebendo-se tão de repente, que afinal o seu Verão já havia chegado.

DOÇURAS DE VERÃO

Dias numa precisa praia
De água gélida e azul penetrante
Sol escaldante fazendo crestar
Uma pele jovem, macia , aveludada.

Turistas, estrangeiras arrojadas
Namoravam rapazes
Enrolando-se numa areia
Tão escaldante como elas.

Fingíamos não ver,
Fingíamos não perceber
Que para além da nossa
Havia uma outra vida p'ra viver.

Noites todas iguais
Sentados no alpendre
Cheirando o aroma a frutas doces
Que se entrelaçava com a maresia.

Quase no fim
Daquelas férias monótonas,
Rotineiras, de um tédio imenso,
Ele chegou.

Levou-me pelo braço

Numa noite azul-cobalto
E pela areia fria caminhámos
Ansiosos por chegar.

A areia, agora fria e húmida
Regelava-me os pés
Enquanto o coração
Saltitava ofegante
Por entre rajadas de ondas
Esplendorosamente espumosas
Que apenas afagavam
Aquela areia, agora fria e húmida.

Chegámos a uma garagem
De vivenda junto ao mar
Onde a luz do luar
Abrilhantava a festa que já ia alta.

Dançámos em silêncio
Os passos que tantas vezes
Havíamos treinado
E em silêncio regressámos
Porque eu sendo " Cinderela"
No seu primeiro baile
Tinha de cumprir o prometido
Sem perder o sapatinho.

Num silêncio profundo
Numa escuridão interrompida
Pelo luar deslumbrante
De um encontrão desajeitado
Nasceu um abraço apertado
E o primeiro beijo
Quão envergonhado
Quão doce favo de mel
Qual doçura num longínquo Verão.

UM LUGAR SÓ NOSSO

Sabe bem pensar que temos um lugar só nosso
E saboreá-lo nem que seja por breves instantes,
Ou apenas até nos darmos conta
Que afinal já muitos por lá andaram
Porque de facto
Na nossa imaginação fértil,
O que importa
É desfrutarmos aqui e agora
Do delicioso devaneio
Que é, ter um lugar só nosso.

ADAPTAÇÃO E FLEXIBILIDADE

A daptação e flexibilidade serão virtudes ou condições genéticas? Seja o que for, eu tenho e dou-me bem com isso!

À medida que os anos passam apercebemo-nos melhor das nossas virtudes ou capacidades, e o meu talento camaleónico vem realmente desde a infância. As minhas brincadeiras de criança bem pequena já davam indícios dessa aptidão.

O camaleão é mais conhecido pela sua capacidade de mudar de cor para melhor se adaptar ao local onde se insere passando despercebido nas suas lides, é, sem conseguir mudar de cor, exactamente o que sempre tenho feito ao longo da vida.

A facilidade de adaptação às situações ou aos locais e ambientes é algo que tenho conseguido dominar sem grande esforço porque penso estar intrínseco em mim.

Encaro as situações e os ambientes diferentes como fazendo parte de tarefas que tenho de completar na minha caminhada que é a vida, de preferência sem lamúrias; sendo algumas verdadeiras fontes de experiência, que apesar de prescindir de qualquer curso de formação nas matérias, dão-me diplomas autenticados, pelo menos, para esta vida. Resta-me saber se os transportarei também para outra!

Por outro lado, gosto de "fazer", e "fazer bem" sem grande alarido, de forma diplomática, sem maçar, sem deixar rastro, quiçá apenas uma só do tipo "marca-d'água" nada mais.

Olho, por vezes, ao meu redor, e vendo tanto queixume por quase tudo e quase nada, agradeço esta virtude, capacidade, dom ou apenas jeito de ser e estar que me foi destilado nas veias.

Ah, e já agora que fique claro que gosto mesmo de camaleões e quanto mais coloridos melhor. Sou incapaz de lhes tocar, mas gosto de os admirar, como a qualquer outro reptil. Já fiquei completamente em silêncio a observar um, enquanto ele, de olho arregalado para mim, devia pensar que eu era uma mulher estranha, porque não tinha desatado a correr a sete pés aos gritos como tantas o fazem.

Um grande "Viva" aos camaleões e suas capacidades de adaptação e flexibilidade.

DOU-TE DO QUE TENHO DE MELHOR

Dou-te transparência e verdade
Que vez no azul celeste em dias de Verão.

Dou-te sorrisos rasgados
Que brotam ao ver-te até de longe.

Dou-te o meu toque leve e sedoso
Que se acerca sempre que me chamas.

Dou-te o meu regaço amornado pelo Sol
Que me acalenta na tua ausência.

Dou-te da minha voz no silêncio
Que sussurra um ânimo sereno.

Dou-te do que tenho de melhor
de mãos abertas ao luar de azul-cobalto
no meu olhar,
nos meus gestos,
nas minhas palavras,
no meu próprio respirar.

PEIXE FORA DE ÁGUA

Peixe Fora de Água
Quero sair da trilha dos outros peixes
Saltar fora de água
Cheirar a terra molhada
E o jasmim branco da esquina.

Quero reaprender, desbravar
Ganhar confiança
Traquejo
Fora da trilha dos outros peixes.

Não quero segui-los
Bracejo
Lanço-me para longe
E perdem-me o rasto
Pelo menos por ora
Que já é hora
De arrepiar outro caminho

CRISTALIZO SORRISOS

A criatividade e o esforço pessoal
são o motor da minha vida.

Conto com todos e não conto com ninguém.

Não sigo modas nem tendências,
nem me interessa o que os outros possam dizer
sei que faço o caminho ao andar
e caminho rumo à excelência.

Sei que ninguém é perfeito
mas tento aperfeiçoar-me a cada dia
numa rota que mesmo que tortuosa
leva-me a onde quero ir.

Enquanto não chego,
cristalizo sorrisos de quem me quer bem
saboreio-os gota a gota
como o melhor néctar dos deuses.

SER NOBRE OU NÃO SER, EIS A QUESTÃO!

Alguém me disse um dia
" o tempo não passa e a ansiedade aumenta"

Hoje devolvo a frase,
acrescentando
que naquele então,
assim não tão distante
bastou apenas esperar um pouco,
permitindo que o caminho
se abrisse perante nós.
Hoje,
basta apenas tomar uma atitude
que revele a transparência
dos sentimentos mais fiéis que existem dentro de nós,
afastando medos receios ou incertezas
e deixando fluir a nobreza de espírito.

FILME

A cabara de ver um filme, mais um da sua vida!

Ficou sentada de olhos fechados a saborear cada momento como que em câmara lenta.

- Que bom que tinha sido aquele filme, nunca deveria ter terminado! Uma sequela talvez fosse possível, isso sim!

Apercebeu-se do silêncio profundo que se havia feito na sala e abrindo os olhos num ápice deu-se conta que já estava só.

A noite fez-se dia e caminhou no tempo com as imagens bem vivas na sua memória, como que revendo o mesmo filme vezes sem conta, apercebendo-se, a cada vez, de pequenos novos detalhes que davam mais vida ao raciocínio analítico dos bons e dos excelentes excertos.

Revia momentos em formato de diapositivos para poder visualizar melhor os pormenores, refortalecendo a sua tese: se corrigir o que esteve mal a sequela sairá perfeita.

Por muita análise que fizesse ao descompactar os trechos, as imagens, não conseguia ver-lhe um defeito, um ínfimo laivo de defeito.

- Uma sequela talvez nunca teria a mesma qualidade, o mesmo impacto. Melhor será apenas guardar o original num suporte seguro, para o poder ver, rever, como relíquia que se aprecia ao sabor do tempo.

CAROCHINHA E JOÃO RATÃO PÓS-MODERNO

E ra uma vez uma cinquentona toda modernaça, tipo tia de Cascais mas com sentimentos, que ajudava todos os sobrinhos que lhe apareciam pela frente.

Esta Carochinha, ao contrário da original, não se pôs à janela a gritar por quantos pulmões tinha a oferecer-se do tipo: ah e tal sou tão jeitosa e ainda boa para as curvas, pois venha lá um João Ratão qualquer mas que seja pelo menos lindérrimo de morrer e me idolatre no mínimo (!...) claro que não; aliás, se o fizesse só se estivesse a delirar!

Não senhor, nada disso! Esta Carochinha, queimaderrima por outros Joões Ratões mal parados, não os queria ver nem pintados...

Mas eis que um dia ela abre a janela, não a da casa, a do Windows no seu portátil, e lhe aparece mais um belo João Ratão que lhe disse assim: ah e tal és tão bonita e sensual, gostava de te conhecer...

A Carochinha fechou logo a janela e disse para si própria "deves estar a gozar, só podes, tu? Eu? Porquê eu? "

Foi à sua vida de tia muito tia a transportar sobrinhos de um lado para o outro, a cantarolar por tudo quanto era sítio, a idealizar sozinha projectos mirabolantes, e uma bela manhã, abre novamente a dita janela do Windows e catrapus lá aparece o dito João Ratão, de novo insistindo com a mesma frase...ah e tal!

Bem este João deve estar a gozar com a minha cara, diz ela! ...isto passa-lhe, pensou. Há-de desistir de a chatear, já ignorou tantos é só continuar com a mesma dose.

Novo ano vida nova, a Carochinha toda entusiasmada trabalhando mais como uma formiga que uma carochinha, liga o seu portátil não topo de gama como de uma autêntica tia de Cascais, do tipo oferecido por uma daquelas marcas patrocinadoras das tias, mas um portátil razoável e pago por ela; e eis que a janela se abre e lá está ele a dar-lhe outra vez! Três vezes? Ai, isto deve ser um sinal de qualquer coisa, ela com a eterna mania dos significados, sinais e outros que tais, assim pensou. Ou melhor ainda, sinal de teimosia e persistência lá isso é.

Começou a ficar curiosa e começou a dar-lhe conversa, mas assim muito na retranca, muito desconfiada!... Mas o João Ratão mais sabido que qualquer um, pé ante pé, sorrateiramente quanto baste, deu-lhe flores, doces dos melhores e quando ela nem se apercebia já estava a rebolar-se nele às gargalhadas e afins, saboreados por morangos e champanhe.

Pois é, este João Ratão não era daqueles que se ia afundar no caldeirão, era esperto lá isso era, mas tão medroso que só de pensar no caldeirão pôs-se a milhas.

Moral da história: A Carochinha foi para a janela respirar o ar fresco e sonhar com o seu projecto mirabolante e o João Ratão é que ficou a perder porque afinal o caldeirão era uma belíssima banheira de hidromassagem que o relaxaria e encheria de prazeres. Ah pois é - assim se acham e assim se perdem!

PODEROSO E ALTIVO

T ardaste e rapidamente impuseste a tua presença.

Sem desculpas ou remorso instalaste-te autoritariamente como se o universo fosse só teu.

Num repente despes-me, acaricias-me, beijas-me a pele alva, e em exagero queimas-me esquecendo que ainda estou sensível pela tua longa ausência.

Arrebatas-me sempre, e bem sabes disso. Dominas-me com a tua graça, a tua aura, a tua cor e o teu revigorante calor.

Não sei se conseguiria viver sem ti por muito tempo, ou pelo menos com o mesmo ânimo.

Sei que vais continuar a ser assim poderoso e altivo sempre que queres, mas também sei que mesmo assim, vou perdoar-te as ausências longas porque quando chegas dás-me tanto mais do que preciso para ser feliz.

VOAR P'RA LONGE

Um dia desejei ter asas e voar p'ra longe
Mas ao chegar a este lugar
Apercebi-me que não preciso ter asas
E de tão pouco ir para longe.

Aqui aprendi
A estar completamente só
Neste espaço imenso
E nada temer.

Encarei
Estar longe de quem mais quero
Enaltecendo os bons momentos
Mesmo que bem escassos sejam.

Adaptei
O feminino e frágil em mim
Transformando em braço de ferro
Enfrentando implacáveis.

Ganhei novos amigos
Estreitei laços
Envaideci
Ao sentir o seu bem-querer.

Apreciei ser reconhecida
E valorizada pelo que sou
Ainda que
Quase desconhecida.

Ensinei,
Mas também aprendi
Que nunca se sabe tudo
E a partilha de ideias só enriquece.

Desenvolvi
O perdão, a paciência, a tolerância
Aceitando as diferenças
De forma humilde mas orgulhosa.

Desprendi-me
Do que não é importante
E aprendi a rir bem alto
Do que me dá prazer.

Valorizo
O meu privilégio
E já que aprendi este caminho
Porque não ficar assim algum tempo?!...

ESPELHO DE ONTEM

Vejo-te ao longe
E sinto o teu mirar apenas de soslaio
Com um sorriso semi-envergonhado.

Acenas e segues pela mesma estrada
Sem parar e sem nada para dizer.

Levas a dúvida
E a curiosidade escondida no colo,
Temendo a certeza que o amanhã
Jamais será como o espelho de ontem.

QUASE SUBLIME

Estrada fora Alentejo profundo
Verdes intensos de vinhedos
Misturando-se
Fluindo-se no horizonte.
De um lado Sol
Brilha, resplandece, queima
Do outro a trovoada
De rompante aproxima-se.
Quase tocando-se
Como íntimos amigos,
Sol, trovoada, chuva
Surpreendentes, arrebatadores.
Redundantes, e a minha musica soando,
Entoando, intrometendo-se na lírica da trovoada
Estrada fora, tudo o que a vista alcança
Calafrio tamanho quase sublime.

DESARRUMARAM-LHE OS PENSAMENTOS

Acabara de chegar de uma longa e fastidiosa viagem onde o breu se havia empenhado tanto, que a luz do dia fora quase inexistente. Não gostava nada de conduzir assim porque sem ver a paisagem e voar nas ideias, o cansaço entranhava-lhe no corpo muito mais rapidamente.

O sono começara a dar ar da sua graça insistindo em bocejos maçadores, quando entretanto se apercebera que havia sido salva daquele tédio. Chegara finalmente à sua paz inerte, onde o céu azul-escuro cintilava com milhentas estrelas felizes e contentes da vida pela ausência das enfadonhas luzes artificiais; ali elas eram rainhas quase absolutas, nada nem ninguém lhes ofuscava o brilho.

A beleza daquele céu que parecia ser só seu quase a acordou ou pelo menos a fez parar com os bocejos impertinentes. O frio seco, e quase cortante, também ajudou a espevitar as ideias para o serão que não se adivinhava.

Abriu a porta e apenas um candeeiro na sala lhe dava as boas-vindas ou um olá-de-bom-regresso com a sua luz acesa e desperta.

Dirigiu-se ao quarto, ao conforto do seu quarto, preparada para o tão aguardado, desejado e reconfortante descanso. Abrindo a porta sentiu um aroma que lhe era familiar, as notas frescas suaves quase angelicais de Èclat D´Arpège ofereciam-lhe sempre um sorriso quando voltava de viagem; lembravam-lhe outro sorriso matreiro e feliz, e faziam-na sentir bem em cada regresso a casa.

Carregou no interruptor junto à porta e uma luz suave iluminou aquele seu recanto quase quadrado, pintado de arabescos azuis e tecto amarelo cor do Sol ao meio-dia. Pensava que bom era regressar àquele seu aconchego para descansar quando de repente, e em descrédito, repara que haviam-lhe aberto as gavetas dos pensamentos e espalhado por toda a sua cama azul. Havia-os pequenos, ínfimos, médios, grandes, enormes, de todos os tamanhos, espalhados pela sua cama em vários tons de azul. As gavetas vazias, abertas, em tom de provocação esperavam o seu regresso para serem de novo recheadas dos seus outrora catalogados e arrecadados pensamentos.

Hesitou sem saber bem o que iria fazer, quem venceria, o cansaço ou a tempestade de emoções que aquela desarrumação lhe havia tão repentinamente inundado a alma?!

Sentou-se à beirinha da cama, num pedacinho de cama azul que não continha um pensamento desarrumado, e começou a lê-los um a um. Pegou num bloco de notas imaginariamente azul e catalogou cada pensamento, colocando-o na gaveta mais adequada.

Lembrou cheiros, momentos, sorrisos, lágrimas, calafrios, sabores, lugares e pessoas únicas, e uma a uma foi encerrando as gavetas de novas ordenadas, organizadas, repletas de pensamentos e memórias incomparáveis. Fechou-as à chave que guardou numa gaveta especial de cor azul-cobalto e adormeceu nos seus lençóis azuis já o Sol coloria um novo dia.

EVENTUALMENTE

G osto da palavra eventualmente;
gosto das possibilidades infinitas que ela me dá.

Faz frente aos definitivos
absolutos, decisivos, finais,
e abre portas que possam estar perras
de há tanto estarem encerradas.

Eventualmente,
desarruma gavetas
num amanhã alvoraçado e solarengo
que ainda não me pertence.
Desperta,
desenleia ideias
e despenteia os caracóis
com que nesta manhã acordei.

Eventualmente
empurra a intransigência
para a languidez da tolerância
e deixa-se acomodar de mansinho
até porto seguro, no amanhã
que eventualmente há-de chegar.

BOM HUMOR

R ir faz bem à saúde - Endorfina Grátis
Rir apenas dos outros é fácil e quase uma batota.

Rir de si próprio é coisa mais séria e propriedade de quem tem verdadeiramente bom humor na sua génese.

Para que uma pessoa se ria de si própria é necessário estar aberta a um dos deslumbres que a vida nos oferece, o humor.

Quem o tem, consegue rir-se de si próprio, diverte-se ao mesmo tempo que serve de espelho a quem a ouve, sendo esta uma vantagem completamente grátis de quem o tem.

Não é um humilhante ser objecto de uma boa gargalhada, pelo contrário, é uma honra proporcionar momentos agradáveis a quem nos rodeia.

O sentido de humor humaniza, quebra o gelo entre pessoas por vezes intragáveis, suaviza situações difíceis, ironiza momentos delicados ou caricatos.

Pelo lado científico, RIR, liberta endorfina, uma hormona produzida na hipófise e libertada no sangue, que entre vários alegados efeitos, o benefício de melhorar o estado de espírito é a garantia de manter o bom humor sempre em alta, uma mais-valia para o bom estado de saúde, manutenção ou recuperação do mesmo.

Faça um favor a si próprio, se não tem um bom sentido de humor na sua génese, tente aprender com quem tem, exercite, e liberte-se. Faça correr endorfina a rodos pelas suas veias. Depois, ofereça-a grátis a quem o rodeia.

Acredite que a velha máxima - Rir faz bem à saúde - tem mesmo um grande fundamento.

PERDIDA NO TEMPO

Fico perdida no tempo,
Olhando paisagens que parecem não ter fim
Escutando
Sons de silêncio
Sentindo
Cheiros da brisa leve,
Que percorre lentamente o meu corpo.
A minha alma parece levitar,
Partir
Bem para o centro do infinito.
De repente,
Ouço uma voz que me chama,
Acorda-me do breve sonho,
E afinal, ainda estou aqui
Na minha cadeira
Olhando o mar, que tantas vezes
Me faz ficar assim, como eu gosto
Perdida no tempo.

A UMA AMIGA QUE HÁ MUITO PARTIU

Reviver infância simples,
Ingénua, de amizade pura e bela,
Faz-nos sorrir, gracejar.
Abraçar, beijar gente querida
Faz-nos tremer e pensar
Quanto tempo, porquê?
Os porquês começam
A passar pela nossa memória
Como diapositivos sem nexo,
E de repente as lágrimas voltam;
Aquelas lágrimas desconsoladas,
Salgadas que não param de rolar,
Que se multiplicam e nos deixam a soluçar.
De garganta apertada,
De voz embargada, perguntamos porquê…
…porquê…por tudo e por nada.
Se nos estás a ouvir,
Não chores tu também,
Fica apenas sabendo que
Apesar de há muito teres partido,
Não nos esqueceremos nunca
De tudo que para nós foste,

De tudo que para nós ainda hoje és.

ASSIM VEJO

Leiga em todas as artes que me atraem, vagueio por elas sem timidez como que se as soubesse dominar.
A música, a pintura e a escrita poderiam preencher os meus dias, porque nunca me cansariam.

Por opções logísticas, a música ficou um pouco para trás, assim como as encenações, e tenho pena, muita pena mesmo, mas na vida temos de optar, fazer escolhas e é de escolhas que hoje me apetece escrever.

Como costumo dizer, hoje não há poesia, hoje há "pensamentos" em prosa.

Noutros mares e noutras marés senti-me incapacitada para tomar decisões e fui engolindo sapos, mas um dia soltei-os todos.

Há um que decide voltar sempre, metáforas à parte, ele existe e há fotos tiradas por alguns dos meus queridos clientes; já gerou conversas bem engraçadas e prolongadas, já o baptizámos do meu sapo/príncipe, já há quem pergunte por ele.

Tenho dias, semanas, meses que não o vejo, mas de repente aparece, e eu, na minha distracção veloz, quase o piso, quase caio, deambulando para o não fazer...não cair nem pisar...

Falo com ele, pergunto-lhe onde tem andado, que tem feito, mas como o pobre bicho não fala e deve pensar que eu sou mas é doida para falar com sapos, ali fica impávido e sereno enquanto eu vou à minha vida...que se faz tarde!

Este sapo faz-me pensar em opções, decisões, ou a falta delas. Parece que este sapo não se consegue decidir, se volta para o sapal, ou se continua a viver aqui isolado dos outros sapos.

Não deve ser fácil a decisão, imagino eu!

A cada dia que passa, decido ser feliz e opto por fazer o que me dá grande prazer, mas há decisões que não são fáceis de tomar, há obstáculos que por vezes parecem ser intransponíveis, mas a força da minha razão não se cansa e como "Alice no país das maravilhas" embrenho-me num mundo que penso ser só meu, porque, sou eu que o pinto com as minhas largas pinceladas em cores de arco-íris sempre que ele amanhece cinzento.

BUSCA INCESSANTE

Andamos sempre à busca
De algo que não temos
Que não encontramos
Mas que paradoxo...se já tanto temos
Para que queremos mais?
Somos sempre assim
Buscamos o que não temos,
Descartamos o que já temos
Pensando não nos fazer falta.
Com o passar do tempo concluímos
Que afinal o que descartámos
Até dava jeito, e o que buscamos
Nem é muito necessário.
Se apenas nos contentássemos
Com o que temos aqui e agora
Talvez fosse mais fácil
Sossegar e simplesmente viver.

O QUE FICA DO QUE PASSOU

Foram momentos
Foram instantes
Foram ensejos
Foram desejos
Infundidos
Causados
Admirados
E sobejamente soprados,
Inspirados e respirados
Pelo alento gravado
E esculpido na pele.

VIVER E DEIXAR VIVER

Tenho em mim,

    - Uma amiga do Universo, fascinada por seres inteligentes e perspicazes, num caminho constante com rumo ao equilíbrio e harmonia.

- Respeito pela singularidade e diferença das pessoas onde a tolerância é cada vez um maior desafio.

- Visão, força e espírito empreendedor, sentindo por vezes a falta de um séquito que acompanhe o meu passo firme, levando-me muitas vezes a seguir, teimosamente, sozinha.

- Uma difícil tarefa: - a de exercer um modelo de autoridade, quando a preocupação maior é ser amiga. Conciliar um conceito com o outro é como tentar praticar equilibrismo sem varas de apoio.

- Sintonia com a actualidade, onde o cultivo da imaginação me dá asas à criatividade fazendo sempre a melhor utilização e optimização de recursos disponíveis à minha volta.

- Sensibilidade suficiente para dar-me o prazer, de a olho nu, conseguir ver o que está para além da aparência e apreciar os pequenos nadas que me oferecerem enormes alegrias.

- O apreço pela liberdade de cada um, sabendo que o respeito é a sua principal fonte.

- O maior e aberto sorriso em viver e deixar viver.

UMA GOTA

B asta uma gota
para refrescar uma alma crestada.

Basta uma lufada de ar fresco
para a fazer levitar
e pairar nos campos
olhando o horizonte frondoso,
florido em multicores.

Basta uma gota
para a alquimia de uma vida
que se supera com pouco
e se ergue por muito,
na simples leveza do ser e do estar,
cantando e rindo em uníssono.

VIM DE MARTE

Dizem os entendidos que os Romanos veneravam Marte não só como deus da guerra, mas também como deus da vegetação e da fertilidade, o deus da primavera. Dizem também que a raiz latina de Marte é associada com mar ou mas, palavras que significam "brilhar", e descrevem a força geradora. Ele era chamado Mar Gradivus, do latim grandiri - crescer, tornar-se grande.

Ora eu, que por vezes afirmo que devo ter vindo de Marte, por me sentir e agir de maneira diferente da maioria dos habitantes deste planeta Terra, ao ler, algures neste outro planeta chamado Internet, esta tese sobre a associação e significado da palavra Marte ainda me sinto mais inclinada à ideia de que devo ter andado por lá.

O meu fascínio pelo mar, pelo brilho nas ondas a meio da tarde, quando o Sol vai a pino e lhe bate formando milhares de estrelas que me encadeiam e desencadeiam um chorrilho de emoções que se desfazem na espuma que me acorda tocando-me descaradamente nos pés, só pode ter origem na minha passagem por Marte.

Sou de estatura pequena e nunca tive complexo ou desejo de ser mais alta a não ser quando preciso de chegar a uma prateleira alta e necessito de uma banquinho para lá chegar, mas se não for isso, por vezes até penso que ser pequena até dá jeito em várias situações que não vale a pena descrever de momento; no entanto, sempre tive o desejo de crescer não em tamanho mas sim em sabedoria, e pelos vistos é mais um derradeiro sinal que passei por Marte.

Acho que vou continuar rendida à sua força geradora fazendo dos meus dias áridos, tal como em Marte, parecerem oásis na expectativa de que, de oásis em oásis, uma floresta tropical nasça, se desenvolva de forma saudável e sustentada, mesmo em qualquer adversidade, na convicção que ser de Marte até pode ser bom.

Já agora, porque não ser um pouco marciano também? Como? Pense no que poderá fazer para "crescer e tornar-se grande".

AS PALAVRAS QUE NUNCA ME DISSESTE

As palavras que nunca me disseste
Ficarão guardadas nas dúvidas
E incertezas que assolam a tua alma.

Não lhes abras mão
Não as desperdices em mais alguém.

Guarda-as tão-somente
Para o dia da verdade
Um dia de Sol resplandecente
Que te enleva a alma
Te ilumina a razão
E solta-as de vez aos quatro ventos
Sentindo por fim
A leveza mais delicada do teu ser.

OS ANOS PASSANDO

Os anos vão passando,
Sem que te apercebas,
Da velocidade alucinante
A que viajam.
Aproveita todos os momentos,
Não deixes, que nada te escape
Pensando não valer a pena.
A vida é feita de pequenas gotas
Que, lenta, lentamente
Vão preenchendo o teu ser
De plena felicidade.
Aprende a sentir a sua presença
E goza-a, como se fosse única
E exclusivamente tua.

TRANQUILA BELEZA

Se um dia eu soubesse
Que iria estar aqui
Talvez me tivesse preparado tanto
Que nem sentiria
O sabor do inesperado.
O refinado sabor
Do que sinto e quero
É privilégio só meu
Que guardarei em segredo
Sem nunca abrir mão.
Nuvens brancas, rosa, cinza
Expandem-se suavemente
Transformando-se infinitamente
Dando a sensação de tranquila beleza.
Assim eu quero caminhar pela vida
Deslocando-me suavemente
Expandindo-me, transformando-me
Apenas sentindo a tranquila beleza.

DAR GRAÇAS

Na nossa vida
Entre turbulentos dias
Que são sempre inevitáveis,
Há que saber apreciar
As coisas simples e belas
Que se deparam diante de nós.
Pode ser apenas um sorriso,
Pode ser apenas
Uma paisagem bela e serena
Que está diante de nós,
Mas demasiadas vezes
Não a admiramos.
As coisas boas
Que a vida nos proporciona
São tantas vezes ignoradas,
Menosprezadas!
Agradeço-Te meu Deus
Por esse grande privilégio
De saber apreciar
Aquilo que é simples e belo.

NO MEU SILÊNCIO

No meu silêncio
Encontro diariamente marcado
Ouço o que quero e anseio
Profundo sentimento que me invade.

No meu silêncio
Analiso o que ficou para trás
Vacilo, recuo,
Mas sigo em frente sem receio.

No meu silêncio
Sei sempre o que quero
Mas como alcançá-lo (?)
Se penas eu jamais desejo.

No meu silêncio
Egoísmo que me apraz
Me avassala me conquista
Em estar assim…no meu silêncio.

QUERER ILUSÓRIO

O que vês aqui
Pode não ser
O que vês acolá.

O que sentes aqui
Pode não ser
O que sentes acolá.

Algo semelhante
Tão só tamanha ilusão
O que os olhos vêem
O coração não sente e rejeita
No que a razão teimosamente insiste.

CONFIAR OU NÃO CONFIAR EIS A QUESTÃO

Partia pedra todo o santo dia.

Mandava escavar, até às entranhas, umas terras que tinha lá para os lados do barrocal Algarvio, retirando-lhes a alma de rocha branca calcária.

À sombra de uma alfarrobeira, a poucos metros de si, tinha por única companhia um rádio a pilhas que emitia sons de música popular portuguesa de uma rádio local.

Gostava tanto do que fazia naquela solidão absoluta que detestava os dias de chuva que o impossibilitavam de ali estar.

De sol a sol repetia-se o mesmo trabalho de partir pedra que vendia aos milhares, contadas às centenas, agrupadas em montes separados por tamanho e funcionalidade. Falava com elas, as pedras, quando algo corria mal, como se estivesse a falar com uma mulher de mau comportamento. Era bom, soltava todas as chispas que lhe apetecia e não recebia qualquer resposta.

Quando o Sol se escondia lá ia para casa jantar e "aturar" a mulher, como assim dizia. Depois do jantar ia até ao café jogar umas cartas e beber uns copos só para encurtar o tempo passado em casa com a mulher. Na verdade preferia mesmo estar na companhia das suas pedras, elas não lhe azucrinavam os ouvidos e assim ele fazia apenas e só o que lhe apetecia.

Ao passar na estrada, quem o visse ali solitário a trabalhar todo o santo dia de sol a sol, pensaria que se tratava de um pobre homem que não tinha outro remédio para sustentar a casa e a família. Todos muito bem enganados!

Zé, este Zé, como muitos por esse país fora, era bem feliz no que fazia, aliás não conhecia outra forma de ser feliz e nem sequer era pobre em termos de dinheiro!

Já tinha viajado para fora do país, já tinha ido à França visitar familiares e voltado bem depressa porque não gostava nada de estar enclausurado em lado nenhum. O seu barrocal era o seu paraíso.

Dinheiro não lhe faltava, aliás, sobrava tanto que depois de dar à mulher tudo o que ela quisesse para se governar, escondia o resto num frasco porque não confiava nos bancos. Zé achava que se depositasse o seu dinheiro no banco, quando um dia precisasse de algum por doença ou algo assim, chegava lá e diziam-lhe que não estava lá nada. - "Cambada de gatunos é o que eles são" dizia o Zé.

Um dia, Zé foi ao sótão guardar dinheiro, mais um maço de notas no frasco escondido debaixo de uma tábua solta no soalho, e qual não foi o seu espanto, a rolha do frasco que era de cortiça estava roída e as notas também.

O que é que o Zé fez depois disto? Confiou num amigo que era mais letrado que ele e foi abrir uma conta no banco.

Pode concluir-se várias teses da história deste Zé do barrocal Algarvio, mas fazendo analogia com pedras, concluo que há que ter cuidado ao arremessar pedras porque podem fazer ricochete e atingir o próprio. Além do mais há quem nasça para confiar e há quem morra sem nunca ter confiado.

CORRI ATÉ AO MAR

Corri até ao Mar
Fiquei contigo
Mesmo quando adormeceste
E entraste em sono profundo.
Deliraste
No sonho que havias traçado a lápis
E cuidei de ti.
Alimentei –te de esperança,
Soro de leite e mel.
Banhei-te
De beijos e carícias tantas
Até ao Sol nascer dia após dia após dia
Até um dia…
Meio entorpecida
Levantei-me, espreguicei-me e corri até ao mar.

MISSÃO ESPECIAL – MICRO CONTO DE NATAL

*(Uma missão especial
contada no singular)*

Naquela noite, Gininha não conseguia adormecer, o seu coração saltava de excitação.

Era então 1958, noite de Consoada, Gininha tinha apenas 5 anos, mas tinha uma tarefa muito importante a cumprir.

Seus pais, na tentativa de que Gininha adormecesse, deixaram que ela se deitasse na sua cama, e aí bem aconchegadinha, ela pensou que a solução seria fingir...

Ficou imóvel fingindo que dormia, para que os pais não se zangassem com ela, logo naquela noite tão importante, a noite em que o Menino Jesus lhe traria a boneca que tanto desejava.

De repente, naquele silêncio profundo, uma voz sussurrou:
- "Achas que a menina já está a dormir"? - "Acho que sim", sussurrou a outra.

Muito levemente levantaram-se, e pé ante pé foram desaparecendo no meio da escuridão.

Gininha respirou de alívio, - "até que enfim, estava a ver que estragava tudo"!

É que ela tinha um segredo que não poderia revelar...tinha recentemente descoberto que as prendas eram postas na chaminé pelos pais e não pelo Menino Jesus, e não podia estragar-lhes o prazer da surpresa.

Na manhã seguinte, correu para a chaminé pela mão de seus pais, e qual não foi o seu espanto, lá estava a boneca que ela tanto queria, mas também um boneco dentro de um porta-bebés branco debruado a azul.

A felicidade de receber, logo duas prendas, foi tremenda, mas a maior felicidade que guardou no seu coração foi a de ter conseguido manter o segredo e fazer com que os seus pais se sentissem tão felizes quanto ela.

MOMENTO DE PAUSA

A Planície chama-me
Mas ainda estou aqui olhando o mar
Que me faz evadir e perder no tempo!
Como um ciclo intermitente,
Para o meu leito levo as minhas inseguranças,
As minhas ansiedades, minhas tristezas e medos.
Mas no meu sono reparador algo de bom e seguro
Se reinstala em mim e acordo dando graças,
Pelo renovar da força, da inspiração
E de um entusiasmo sem fim.
Nada disto acontece por magia,
Mas sim pelo profundo "acreditar",
Sustentado pelo amor nas suas mais diversas variantes.
E apoiada no afecto ou no bem-querer.
Começo os meus dias sentindo como é bom estar aqui.
Porém esse "aqui" pode ser em qualquer parte
Desde que não deixe de "acreditar"
E no amor intemporal e despretensioso confiar.

ESCUTAS NO UNIVERSO AZUL

V oltar a quê, onde, para quê?

Passeava à beira-mar de mão dada com a mente, onde se perfilavam numa lista desordenada e longa , afazeres, metas, objectivos e alguns porquês.

Ávida dos porquês que lhe dão substância a qualquer razão, permanecia um pouco mais de tempo naqueles que lhe alimentavam alguma réstia de credibilidade desse acontecimento.

Dava-lhe mais ânimo compreender os porquês, muito apesar de bem saber que haverá sempre alguns que a sua inteligência jamais conseguirá entender.

Voltara àquela praia, lugar mágico onde encontrava a paz e magia que precisava nos momentos mais agitados e difíceis.

De quando em vez, era surpreendida pela água salgada que lhe molhava os pés, e estremecia a razão de estar ali voltada para uma realidade que parecia salobra.

Olhava à sua volta e reiniciava a caminhada, rapidamente soltando o pensamento que corria desenfreado em direcção à infindável lista.

A meditação pretendida era egoisticamente interrompida por pensamentos que lhe preenchiam a preocupação e assolavam o sorriso.

Era inevitável, de nada ou quase nada servia mudar de local, porque a lista seguia e perseguia-a de tom insistente, persistente e irritante.

Parou, sentou-se na areia ainda fria pelos insistentes banhos de água gelada, e olhou o horizonte bem de frente, fitando com mais pormenor todos os tons de azul que a apaixonam.

Posicionou e fixou o olhar no ponto mais além onde o céu e a terra se separam, e sentou-se lá oferecendo a sua companhia àquele seu universo azul.

Uma voz sussurrante mas firme perguntou-lhe: - Não achas que já é tempo de voltares?

Nesse momento sentiu uma mão que lhe tocava suavemente no ombro e ouviu uma voz familiar perguntando se não estava na hora de voltar?

Levantou-se automaticamente, e em silêncio, pensando naquelas perguntas em tom retórico, caminhou descalça até à realidade.

Tempo de voltar?
Hora de voltar?
Voltar a quê?
Voltar para onde?
Voltar para quê?
Mas eu não quero voltar?!
Eu só quero seguir em frente!
Será que o Universo Azul terá isso em conta?

ATÉ AO SOL NASCER

Dançámos sem música ao pôr-do-sol
Na casa de árvore que construímos
Para que estivéssemos mais perto do céu.

Ao longe, o mar serviu-nos de companhia
Oferecendo murmúrios lascivos
Ao compasso da dança sem melodia.

Bamboleámo-nos desde o lusco-fusco
Enleados em pensamentos errantes
Até o Sol nascer e nos despertar com a sua luz.

UMA PÁGINA SOLTA

Naquele tempo, bem ao contrário de hoje, o tempo livre não só parecia ser mais longo como mais relaxante.

Sentada num nicho da faustosa sala de jantar com janela para o jardim daquela imensa casa, propriedade da Menina Amelinha Caldas, bebia-se chá de Moçambique em chávenas de porcelana fina.

Era um ritual de Verão, porque as tardes convidavam ao sabor do chá, à meditação e ao ouvir música clássica na Emissora Nacional.

Daquela casa, que fazia esquina no início da Calçada dos Mestres e que ocupava os números 1, 3 e 5 em Campolide não existe absolutamente nada. Foi tudo reduzido a pó.

Assim que a Menina Amelinha Caldas morreu aos 103 anos em 1960, os primos herdeiros venderam toda a propriedade que não só era constituída por aquela casa como também por várias outras anexas incluindo a nº 7 logo ao lado, onde eu vivia, para serem todas demolidas.

Ficaram as memórias, quase fotográficas, de episódios absolutamente invulgares para a felicidade de uma criança que ali viveu apenas até aos sete anos.

Do olhar pela janela até ao infinito num fim de tarde, do beber chá saboreando-o em mínimos goles, do ouvir Bach em completo silêncio, do meditar para me ouvir, ficou tudo e muito, muito, muito mais, e esta é apenas uma das muitas

páginas soltas, sobre memórias desses dias que representam vivências bem diferentes das de hoje, que são minhas porque eu as escolhi e guardei.

QUÁSI DISTANTE

Largas pinceladas de azul
numa tela em branco amarelecido pelo tempo
a aguarela diluída em lágrimas mornas de alegria.

Calor ameno
de uma Primavera prematura
secou-a rápido demais
tornando-a vulnerável
a qualquer sopro de vento,
a qualquer pingo de chuva.

Sentei-me no Verão
e recostei-me numa sombra
quente e volátil.

Admirei os traços amplos e seguros
do azul intenso e transparente
de verdade entrelaçada.

Gozei da luz emanada
pelo pó de ouro ilusório
delineado no azul.

Chegou o Outono
e guardei-te,
protegi-te quando pude,
como pude, tanto que pude.

Veio uma enxurrada extemporânea
E lavou a minha tela
Deixando laivos permanentes, azulados, enleados num im-
aginário quási distante.

NUMA SÓ PÁGINA

Era Inverno e o vento fazia-se ouvir em cânticos desafinados por entre as palmeiras que se vergavam perante a imponência da sua força.

O frio nocturno na planície fazia-se contrastar com o calor crepitante na grande lareira da casa quase vazia.

Aninhada no imenso cadeirão de cabedal negro, olhando as labaredas como que olhando o infinito, pensou, meditou, e de repente pegou no telemóvel e ligou-lhe.

-Olá, eu sou aquela com quem querias falar, bla, bla, bla, bla, e eis que ela se começa a dar a conhecer a este estranho que insistia em conhecê-la melhor.

Desligou o telemóvel, aninhou-se ainda mais, fechou os olhos e imaginou como seria aquele estranho com voz semi-rouca e pronúncia bem típica daquela região bem longe de onde ela se encontrava.

Assim começou mais uma história, uma daquelas que hoje em dia já se escreve como "estória" e que teimosamente insisto em não dar importância ao novo acordo ortográfico.

Foram conversas que pareciam não cansar, foram temas que pareciam inesgotáveis, foram encontros que pareciam não saciar a fonte inesgotável de um prazer sem fronteiras de duas pessoas que pareciam conhecer-se de antes de todos os tempos, antes de todos os mundos, antes de todas as memórias.

Um dia de Verão bem quente, num entardecer de céus espectacularmente rubros, depois de múltiplas respostas evasivas, de desculpas repetidas, de "não seis" inquantificáveis... ele disse-lhe que apesar de ela ser "espectacular", bla, bla, bla, bla, não tinha tempo para ela.

Afinal, menos de uma página bastou para sumariamente descrever mais um episódio feliz por uns tempos, infeliz sabe-se lá por quanto, de dois anónimos que não souberam lidar com o que a vida lhes estava a tentar oferecer.

Sumariamente é mesmo menos de uma página, os detalhes que correspondem a múltiplas páginas serão certamente parte das doces memórias dos intervenientes, mas para que a memória nunca lhes falhe, uma obra privada faz parte da colectânea guardada a sete chaves no fundo escondido de uma gaveta, enquanto que outras obras também parte de um espólio privado, continuarão expostas suscitando curiosidade de quem as observa, por sempre originando comentários, sorrisos e elogios.

O vento continuará a soprar em cânticos desafinados, entardecer com céus espectacularmente rubros multiplicar-se-ão, as memórias ficarão guardadas também elas a sete chaves, enquanto novas páginas serão escritas em folhas exemplarmente sem mácula, porque só assim se poderá escrever com afinco, com convicção com paixão.

A PORTA

Na penumbra e no silêncio
Procurei
Esperei,
Hesitante
Fechei a porta.

Aguardei um pouco,
Mais e mais.
De impulso,
Abri a portada da janela
E saltei.

Abri os olhos à luz do Sol
Deixando-me levar
Pelos sentidos,
Pelas emoções.

Segui
Prado fora
Sem resposta
Destino
Condição
Razão
Ou qualquer papão.

DEI VOLTAS E VOLTAS

Dei voltas e voltas
Mas o impossível deu-se
Desarmada fiquei
E as amarras larguei.

Agridoce de boca
Agridoce de vida
Anos sem fim sem propósitos
Sem metas, sem cor
Deixando para trás
Um monte de nada
Ou um monte de dor?

Mas um anjo agarrou-me
Levou-me nas suas asas
E com agridoce de boca
E agridoce de vida
Completarei anos com propósitos
Com metas em arco-íris
Levando por diante um monte de afectos.

Continuo às voltas num rodopio sem fim
Deixando-me levar nas asas deste meu anjo
Desarmada para o que der e vier
E as amarras soltas ao vento.

PROSA DE UMA PRIMAVERA

F inalmente vê-se,
sente-se,
ouve-se
e cheira-se a Primavera.

O céu pintado de azul-bebé com algumas nuvens quase transparentes e dispersas, filtram o Sol aquecendo a alma suavemente, e tornando a pele rosada depois de tanto tempo pálida, coberta por camadas de roupa durante um Inverno, frio, chuvoso, cinzento sombrio triste, quase zangado.

Os passarinhos falam, comunicam entre si tranquila, e alegremente como se sozinhos estivessem, não se importando com as pessoas que pouco a pouco se vão sentando ao Sol, timidamente despindo as camadas invernosas de roupa que de manhã cedo pareciam ser necessárias mas que agora já apetece preguiçosamente retirar para permitir que a pele respire livremente e assim deixar a brisa leve e morna passar pelo nosso corpo, dando-nos a sensação, que por magia o mau tempo já lá vai e a esperança de uma nova vida não só vem com a Páscoa pela parte religiosa, mas também com a Primavera pela parte cíclica da vida e das estações do ano, com toda a natureza a renascer, incluindo nós.

Em frente, como pano de fundo deste cenário abrangente e belo, tenho o Tejo, tranquilo privilégio dos lisboetas, hoje pintado de azul quase turquesa; à esquerda o Padrão dos Descobrimentos, imponente símbolo de outros tempos, outras paragens, mas também de valentia, audácia, curiosidade, história dos portugueses.

Mais além, a Ponte 25 de Abril, símbolo de modernidade não muito recente, ao mesmo tempo que representando a comodidade, também o trânsito caótico e nervos à flor da pele.

Retiro a minha vista do que me lembra o caos, e elegendo a calma pachorrenta, miro ao longe um barco enorme, que passa deixando um rasto prateado atrás de si, estendendo-se até se perder de vista.

O Cristo Rei continua a abraçar Lisboa, a amá-la acarinhá-la, protegendo-a.

Onde estou eu? No Jardim das Oliveiras, local privilegiado pela vista, no Centro Cultural de Belém.

As oliveiras, têm o privilégio, de sentir pousar nos seus ramos os passarinhos que como eu, sentem-se felizes por este dia primaveril que nos enche a alma.

As pessoas, essas vão aparecendo, sentando-se ao Sol, como caracóis sentindo os primeiros raios mornos e apetecíveis.
O que estou eu aqui a fazer neste estado de paz, nesta pacata beleza, dispondo só para mim estas três horas roubadas à minha rotina diária?

Estou finalmente de "pena em punho" começando a soletrar as primeiras letras daquilo que há muito percorria a minha memória em momentos de vazio, silêncio ou lazer; por vezes até na escuridão da noite onde as ideias fluem mais facilmente e se multiplicam em catadupa.

Quero soltar a mão, a pena e o coração, deixando as recordações emergirem, registando-as para satisfazer este meu desejo, quão desabafo com o papel, ou quiçá satisfazer curiosidades.

O meu pensamento vagueia, desta vez mirando um barco enorme que passa no Tejo, e lembra-me do privilégio de estar aqui em vez de fechada em casa.

Num fechar e abrir de olhos vejo desta vez um veleiro e sigo-o com os meus olhos, imaginando-me lá dentro, vendo apenas o intenso azul do céu e o leve bater das ondas, à medida que este se desliza preguiçosamente.

Olho o papel, paro de sonhar…onde vou eu? Não resisto, enquanto penso vou admirando a cor quase turquesa da água, mas agora com um banho prateado reluzente.

Ao fundo os montes verdes da outra banda, viçosos pelas recentes chuvas, são belos, mas o rio fascina-me mais parece levar-me numa viagem, e a minha mente vai divagando, ouvindo ao longe duas crianças brincando ao Sol, com os seus chapelinhos na cabeça como se Verão já fosse.

Penso que talvez a minha vontade de escrever, consta de uma certa necessidade que há algum tempo tenho sentido como que para preencher um vazio.

Diz-se que a vida é o que fazemos dela e que podemos mudá-la se quisermos, será que existe alguma verdade nesta frase? Se assim for, então não tenho feito um bom trabalho porque a minha vida tem-se desviado várias vezes do caminho que eu desejaria percorrer. Meto-me por atalhos, em ziguezague, e não consigo chegar onde quero. A vontade de querer mudar o rumo existe, e a vontade de ser feliz é mais que muita, será que consigo a força necessária para o fazer?

Posso chegar à conclusão que escrevo para mim em tom de desabafo, e olho em frente imaginando-me naquele Tejo, naquele veleiro fugindo de tudo o que me apoquenta, e atracando em terra quente, afável e tranquila.

Talvez um dia solte mesmo as amarras!

NEM SEMPRE

Nem sempre se acerta,
nem sempre se tem o que se quer,
nem sempre se chega onde se quer,
nem sempre se atinge o objectivo,
nem sempre se realiza um sonho,
nem sempre,
nem sempre,
nem sempre...
mas nem por isso se deixa de ser feliz nalgum momento,
nalgum instante,
nalguma vida.

CORAÇÃO E RAZÃO

Fica comigo um pouco mais;
Não vês,
Que só tu me aceleras os compassos
A par de ficarem tão descompassados
Desproporcionados e desmedidos,
Que não consigo parar de desejar-te
Um nadinha mais,
De cada vez,
De quando em vez,
Sempre que me vez?!

Não gostas de mim?

Gosto;
Sabes que gosto
Mas não posso ficar
Um minuto mais,
Um instante que seja,
Não posso tardar
De tudo o que me espera,
Não posso retardar
As mil vidas que ambiciono.

CONTO DE UM CONTO

Figurinhas patéticas ou marionetes...

Naquela noite o frio era gélido e o luar fazia companhia às infinitas estrelas que abrilhantavam aquele céu, quão azul-escuro, quão penetrante e luminoso.

De túnica branca e transparente, descalça, subiu a mesma rua que há muito havia percorrido.

Em silêncio calcorreou todos os becos e vielas numa escuridão, iluminada apenas, pela lua e suas fiéis companheiras daquela noite, as estrelas.

Entre gritos mudos, suportando a dor, que pedra a pedra daquela calçada íngreme lhe ensanguentava os pés delicados, caminhava não se apercebendo que o frio lhe enregelava até o pensamento.

Ouvira passos, gargalhadas que lhe eram bem familiares, cortando por completo aquele assombroso silêncio.

Vislumbrou duas figuras que se passeavam de mãos dadas como que o mundo fora só seu.

Parou, conteve a respiração e boquiaberta, analisou aquelas duas formas que mais pareciam dois moldes de cartão.

Dissecou detalhadamente aquelas imagens concluindo melhor que as definiria como marionetes; isso sim, essa definição assentava-lhes que nem uma luva.

Ficou, breves minutos, apreciando o espectáculo gratuito daquelas marionetes, sorridentes e estridentes, que não tinham a menor ideia de que estavam a ser observadas.

Figurinhas patéticas, era o que eram!

Deu meia volta e começou a correr de regresso a casa, à sua quente e acolhedora casinha.

No caminho, apercebera-se que já não sentia dor, qualquer dor, parecia anestesiada, teria sido o frio regelante? Teria sido a realidade que as imagens pareceram transmitir? Mas afinal o que será mesmo real?

Semi abrira os olhos e apercebera-se que o Sol entrava pelas portadas ligeiramente abertas, da janela de seu quarto.

Espreguiçou-se como gostava de fazer todas as manhãs, na cama, antes de se levantar. Como de costume, em posição de total preguiça, virou-se para a esquerda, depois para a direita abrindo os braços, e em posição de cruz batera com a mão direita num tabuleiro que se encontrava pousado na sua cama.

Erguendo-se, sentara-se na cama ainda com os olhos semicerrados, ajeitando com os dedos os seus longos e sedosos caracóis, ouvindo uma voz que parecera vir da porta, e a fez abrir, senão arregalar bem os olhos.

Perante si, estava o mesmo sorriso pícaro de sempre, e aquela voz que a fazia sorrir e até por vezes tremer, acompanhada da gargalhada semi-nervosa, semi-envergonhada que lhe perguntara: - então não tomas o pequeno-almoço?

Destapara-se.

Incrédula, observava-se; tinha a camisa de dormir azul, aquela de alcinhas e bem curtinha, com uma borboleta em brilhantes a fingir bordada nas costas.

Minuciosamente, olhava os seus delicados pés, lentamente afagando-os com uma mão, enquanto a outra limpava as lágrimas que teimosamente lhe percorriam a cara, salgando-lhe os lábios que sorriam abertamente soltando gargalhadas estrondosas e contagiantes.

De um ápice, num salto estonteante, tão previsível como habitual, pendurou-se no seu pescoço como sempre o fizera, perguntando-lhe ao ouvido: - estiveste sempre aqui?

DESDITO

Desdito
Espreitava à noite
E nada via
Escutava de dia
E nada ouvia.

Num amanhecer,
Um vulto, um sussurro
Surgiam no horizonte.
Pareciam sincronizados
Nos seus sentidos
Que há muito
Se haviam tornado desditos.

O vulto e o sussurro
Pareceram aproximar-se
Dirigir-se a si
Sem definição
Sem amplificação
Apenas constantes
Lentos e ondulantes.

O seu coração acelerou
Em progressão,
Quase parando por arrastão
Quando o vulto o trespassou
De nada ver,
E o sussurro o ensurdeceu
De nada dizer.

SONHAR ACORDADA

Dias bonitos, cheios de luz e calor.
Doces aromas no ar, por entre lufadas de ar puro.
De manhã acordo, e logo sinto vontade de me espraiar,
e sentir o fresco e macio dos lençóis.
Permaneço de olhos fechados,
agradecendo este privilégio.
De seguida e quase que em sonho,
medito,
passando-me pela cabeça tudo que me apetece,
sem limites,
sem interrupções,
porque aqui e agora,
sou dona do meu tempo ,
dos meus pensamentos,
dos meus sonhos.
Tudo se vai desenrolando na minha mente,
como se de um filme caseiro se tratasse.
Tudo me parece possível,
neste estado de tranquila preguiça.
De repente
como que acordando pela primeira vez,
espreito o despertador pelo canto do olho
e apercebo-me das horas
e que este estado de graça tem de terminar
porque afinal não sou dona do meu tempo,

afinal nem sou dona de nada,
e alguém me espera para o pequeno almoço.

SEMPRE

Há que dar ao tempo
A distância no tempo
Para que aquele tempo
Seja generoso
E volte a tempo
De aprender
Que qualquer tempo
Tem um fim.

QUEBRANTO

Numa onda profunda
Caio embalada
Pelo som do vento
Água cadente
Ritmados em crescendo
Lançando o quebranto
Numa tangente
De expoente máximo.
A passarada em cânticos dispersos
Despertam-me para um novo entardecer
Retiram-me do vaguear no além
Trazem-me de novo à nascente
Onde tudo começou
Onde tudo há-de continuar
Como um ciclo ritmado
Em cadência
Desencadeada pelos tempos
Pelos mares
Pelas marés.

O JOGO

E le queria um jogo novo, mas estava indeciso.

Será que devia mesmo comprar? É que depois cansava-se e ficava mais um jogo de lado, na prateleira a apanhar pó!

A parafernália que se ia amontoando no quarto, recordações, prendas e prendinhas, objectos e revistas, livros, troféus e mais troféus, já era mais que muita, mas também mais uma caixa de jogo não era muito, e se se cansasse dele, metia a caixa debaixo da cama, pronto! Quem lhe arrumava o quarto nem daria por isso.

Realmente...porque é que não inventaram o negócio de aluguer de jogos, assim do tipo vídeo club dos jogos? Numa inglesada seria " the game club"; olhem que boa ideia, leva-se para casa o jogo por uns dias, joga-se e devolve-se. Se se gostar muito pode repetir-se quantas vezes quisermos., assim como aqueles tipos viciados no mesmo jogo e a menina da loja vídeo club já pergunta: então Sr. Fulano de Tal, o que é que vai hoje? O costume não é? É para consumir aqui ou leva para casa? Embrulhado ou não vale a pena? Não deixe ultrapassar o prazo, senão paga multa...já não era a 1ª pois não Sr Tal. Isto funcionaria também, assim como fazer baby-sitting dos filhos dos amigos, brincamos com eles umas horitas e depois devolvem-se.

Podem jogar-se jogos na net, agora anda tudo a jogar nas redes sociais do hi5 e facebook, é uma epidemia pior que a gripe A...

podem jogar-se jogos naquelas máquinas que têm nalguns cafés e bares barulhentos e cheios de gente; mas um daqueles em que temos o aparelho só para nós nas nossas mãozinhas é outra coisa, dá outra sensação, é como brincar com um boneco do tipo "nenuco" ou brincar com os filhos dos nossos amigos, a comparação é tal e qual!

Ele tanto andou com aquele pensamento à roda do seu cérebro que lhe deu para pesquisar na net, nem ele sabia bem o quê, até que encontrou um jogo que lhe pareceu mesmo interessante, mas era em segunda mão.

Era assim algo do tipo de coisa que vem no jornal da ocasião e parece demasiado bom para acreditar.

O melhor é pensar durante uns dias, como é em segunda mão, não sabe se pode devolver-se, se não gostar, ou se não funcionar como um novo, ou tiver defeito, se tem as mesmas garantias como um novo; se pode devolver na embalagem original com recibo de compra no prazo de 15 dias, blá,blá blá.

As perguntas e dúvidas já eram tantas que era melhor pensar, afinal nunca se havia aventurado a comprar nada em segunda mão. Também há as permutas, e se em vez de comprar fizesse uma permuta? Acho que o mercado dos jogos ainda não avançou assim, há as permutas de apartamentos e casas e até de carros, há, a venda de carros usados com garantia como novos. Mas jogos???? Há de tudo mas meu amigo...para comprar e mai nada! Vá, desembolse se quiser experimentar.

A curiosidade era muita, e começou a pensar cada vez mais no raio da embalagem daquele jogo de segunda mão, no formato, nas cores, nos detalhes do design, enfim ... a embalagem era bem gira e a descrição aguçava o apetite de experimentar o jogo, mas não, era melhor não arriscar.

Um dia, clicou no link do jogo e mandou mensagem dizendo que estava interessado em experimentar e mais não sei o quê...

resultado: deve ter carregado numa tecla qualquer que finalizou a transacção e passados alguns dias o jogo foi-lhe enviado aterrando nas suas mãos.

- "O que é que eu faço com isto agora"? E a factura? Não vem na embalagem, nem tão pouco o certificado de garantia. De certeza que ainda me mandam a factura noutro envelope à parte. Nem cheguei a saber o preço disto! Passei o tempo a olhar para a embalagem que era tão gira e a entusiasmar-me com a descrição que até me esqueci de fazer perguntas sobre as condições de compra. Bem me parecia que tinha feito qualquer coisa estranha mas como o pc encravou nem pensei mais no assunto, e agora que façooooooooooooooo?

Devolvo assim tal e qual sem a abrir? Resisto não abrir?... o papel do embrulho também é giro, é sedoso e até parece cheirar bem, já estou nervoso e sem saber que fazer, isso é que é...qual papel sedoso e cheiroso ...ai...bora mas é jogar, a ver se isto corresponde à descrição!!!!

- Eh lá...sim senhor, este jogo é melhor que alguns dos novos, muito bem! Não era publicidade enganosa. Tou impressionado...

- Adapta-se bem às minhas mãos, é ergonómico, de tamanho e peso q.b. que se pode levar para qualquer lado, não encrava como alguns, suporta altas e baixas temperaturas, as pilhas são daquelas Ultra XXXXLLLL e recarregáveis para não gastarmos rios de dinheiro em novas, resiste bem ao fazer "reset" variadíssimas vezes, pode-se formatar como os pc 's que ainda fica a funcionar melhor, e até é à prova de água...adoro jogar este jogo no banho, salpico-o, molho-o todo e fica como novo.

- E a factura meu? Nunca a recebi, nem o certificado de garantia, e agora? A culpa não é minha! A culpa é deles. Deles quem? Dos gajos que mandaram isto meu. Mas quem foram os gajos? Ó meu, não sei, não é?! Eu recebi isto por correio especial, do resto não sei. Vinha toda gira a embalagem, assim com papel sedoso e tal, acho que até cheiroso, quem é que resistia não abrir meu?

Sedoso, cheiroso, man…já onde isso vai??? Sabia que não te devia ter contado, sabia!!!

- Primeiro estranha-se, depois entranha-se não é assim que alguém disse? Disse quem? Quem disse? Isso não interessa nada, alguém disse, pronto.

- Realmente parece estranho, pela primeira vez tenho um jogo novo em segunda mão e jogo tão bem com ele, sinto-me tão à vontade, que já começo a ficar tão habituado que um dia destes torna-se um vício; mas por outro lado, jogo com ele às escondidas nem sei bem porquê …mas acho que podem gozar-me sei lá! Podem-me dizer coisas do tipo, olha lá não podias ter comprado um novo, tiveste de ir ao refugo foi? Não vês que como é usado vai durar pouco? Ou então, algo assim: Olha lá, agora que tens esse vício esqueces-te das tuas obrigações é? Pensas que és doutor e já não ajudas? Quando essa caixinha cá chegou, nós já cá estávamos, vê lá vê…um dia destes damos-te a escolher, ou esse jogo mágico ou nós!!! Depois não digas que não te avisámos.

- Pois é amigo, devias ter arranjado um jogo novo e menos viciante, afinal o melhor será nem comprares jogo nenhum, vai mas é contentando-te com aqueles da net e não te metas em sarilhos, quem te avisa teu amigo é , man!

- É pá…mas para que é que tem que ser assim? O jogo até é mais razoável que a média que tenho jogado, gosto dele, mas não quero deixar de fazer as minhas coisas por causa do raio do jogo, não quero, não quero.

- Será que se me apanham com o jogo nas mãos me vão gozar mesmo? Ou isto não passa de teias de aranha na minha cabeça? Deve ser mas é cansaço, isso sim. Tenho de fazer uma pausa.

- Vou voltar a pôr o jogo dentro da caixa e arrumá-lo na prateleira durante uns tempos. Nem cheguei a perguntar se o posso devolver, e acho que se pudesse o prazo já havia passado.

- Procurei o nº de contacto no site onde encontrei o jogo e liguei expondo a situação: o jogo é espectacular, é bem acima da média daquilo que estava habituado, mas não tenho tempo para ele, vou devolvê-lo, posso?

Do outro lado, a resposta pausada foi:- poder pode, mas dá igual; ora repare, nem pagou por ele, se o tivesse feito também já tinham passados os 15 dias para a devolução, o melhor será ficar com ele e jogar apenas quando pode ou quando quer.

- Não, isso não posso fazer, sinto-me mal, aquela caixa de jogo na prateleira à espera que eu tenha tempo para jogar um bocadinho! Não, não quero! Parece que vai também ficar a olhar para mim, e se eu comprar outro jogo que me dê menos trabalho, ou um jogo novo, como vai ser? Não, não quero, sinto-me mal. Mesmo que ponha a caixa de baixo da cama vou ficar sempre a pensar que está ali...não, não quero, prefiro não a ter aqui.

- Quero mesmo devolver, aliás a embalagem está intacta continua gira e eu posso embrulhar com o mesmo papel sedoso que guardei, só o cheiro é que acho que desapareceu, olhe desculpe mas o jogo continua como novo...quero e vou devolver, quando decido uma coisa está decidido, não volto atrás.

- Sabe que mais? Já o coloquei na prateleira com todo o cuidado e não deu, já esteve debaixo da cama para não o ver e também não deu, já fiz de conta que estava a trabalhar enquanto me chamavam para jantar e apenas olhava para a caixa nas minhas mãos e tentava resistir não jogar e também não deu, já fiz uma data de coisas e não deu, que mais quer que faça? Não percebe que se eu não tiver esta caixa mágica aqui ao pé de mim, posso fazer a minha vida tranquila, sem ter de resistir à tentação de jogar? Posso tentar esquecer o raio deste jogo que quase me dava a volta à cabeça.

- Decidido, vou enviar por correio expresso para chegar bem depressa, e com aviso de recepção, não vá o diabo tecê-las!!!!!

INSPIREI-ME NA LUA

Inspirei-me na lua
E fiz uma introspecção do que fui e do que sou hoje,
Por onde andei, por onde ando e para onde quero ir.
Reflecti no mal que me atormentou e no bom que me deliciou.

Andei por mundo fora,
Tive filhos,
Plantei árvores,
Escrevi um livro,
Pintei telas como transparências de mim,
Cantei odes em tom alto,
Brindei perante grandes louvores,
Rompi com maus amores,
E guardei a sete chaves
A memória do que me orgulho de ter feito.

De olhos fechados mas de alma aberta,
Aqueci-me do Sol,
Deixei que o vento me afagasse
Bebi dos aromas do campo como um néctar dos deuses
E revendo os anos passados,
Agradeço ter-te encontrado
Agradeço ter-me encontrado.

ESTADO DE ESTÁDIO

No cantinho de conforto da minha alma
Sento-me
Aconchego-me
Aninho-me
Num momento pensante
De como cheguei aqui.

Importa?
Não importa?
Se o que me provoca é voar pr'a longe?

ACORDEI TARDE

Ainda descalça
Saí a ver o horizonte
De verdes, azuis e dourados
Onde o Sol já ia alto
Me ofuscava as vistas
Toldava o espírito
Entontecia a razão
E me lacrimejava os olhos
Do cansaço da escuridão.

Limpei as finas lágrimas
Que me percorriam a face
Respirei fundo
Senti o cheiro a erva
E a flores do campo
Segui em frente
Mirando, admirando
Tudo o que me ladeava
Não me arrependendo
De acordar assim tão tarde.

MERGULHO

Em águas cálidas
serenas, salgadas
que devolvem
o ph na minha pele
enquanto a massajam
cadenciadamente
em leve ondulação

afogo mágoas e anseios
renovo forças e desejos
na plenitude dos ensejos
que me concedem a brandura
da leveza do meu ser.

Regresso renovada
num ensejo
num desejo
numa brandura
numa leveza
num mergulho no meu ser.

7ENSEJOS

Pintei
A azul-escuro e estrelado,
Cores vivas expressivas,
Cores leves e delicadas.
Tatuei
Na minha pele,
Com traços em tinta azul real
Imagem singular, única.
Escrevi
Rescrevi em tons de azul,
Diários ausentes de razão,
Plenos de emoção.
Inspirei
Aroma de um corpo quente,
Desejado, ardente,
E vedei-o para não dissipar.
Tentei
Olhar as pinturas, a tatuagem, os escritos
De forma diferente, quiçá distante,
E não mais destapar a fragrância guardada.
Vejo
Por lentes sempre azuis,
Passageira solitária no meio de multidão,
Numa esfera que não pára de girar e me estonteia.
Desejo

Que a esfera abrande,
Uma porta se abra,
Os ensejos se renovem,
O bálsamo regresse e me volte a inebriar.

AFINAL HAVIA OSTRAS

Chegara finalmente, após um longo percurso, quase sempre percorrido por uma estrada tortuosa e estreita.

Era já final de tarde e o Sol começara a descer tornando aquele mar num imenso espelho em vários tons de azul.

Tudo estava preparado ao pormenor, naquela praia deserta em estado selvagem, tal qual a mãe natureza a havia abençoado.

Não havia vivalma, mas alguma alma havia preparado todo aquele aparato com o maior desejo de agradar e esfumara-se por entre os coqueiros densos ou na espuma do mar, sabe-se lá porquê.

Velas, dezenas de velas bordavam o caminho de areia até quase à água cálida e serena, onde seixos de todos os feitios e cores eram a sua única companhia.

Não sabia ao que ia, havia sido movida pela razão daquela mensagem com coordenadas de GPS, e agora que tinha chegado sentia-se confusa porque não sabia o que esperar para além de beber daquela beleza natural.

Caminhou direita ao mar, despiu a túnica de chiffon branco, sentou-se e enterrou os pés na areia humedecida pela água quase

tépida e límpida. Recostou-se e fechando
os olhos deixou-se desnudar de todos os pensamentos que ali
não pertenciam e quase que viajando em sonho, é acordada por
um sussurro:

- Olha para trás!

Virou-se e viu que havia sido colocada uma mesa debaixo dos co-
queiros junto ao caminho bordado de velas.

Uma toalha de cambraia azul cujos cantos esvoaçavam quase
melodicamente ao sabor da brisa morna que o aproximar do pôr-
do-sol trazia, cobria a mesa que havia sido colocada sem que se
apercebesse. Havia ostras em cama de gelo seco, com gomos de
lima, triângulos de pão torrado com manteiga e cerveja Pilsner,
dentro de um recipiente cheio de gelo. A mesa estava posta a pre-
ceito, onde a louça e copos em azul-cobalto reinavam por entre
aquele manjar, fazendo a delícia aos seus olhos amantes daquele
bom gosto.

Quem haveria preparado tudo aquilo? Quem lhe haveria sussur-
rado ao ouvido? Quem terá sido, se ali naquele lugar soberbo
afinal (só) havia ostras?

HORIZONTE

As palavras já me haviam arrebatado
As telas sentiam ciúmes
As tintas gemiam em protesto
Os pincéis contorciam-se de inveja
Enquanto a música tocava
Entoava e embalava as ideias
Que percorriam a mente
Tocando aqui e ali
Pontos nevrálgicos equidistantes
Da razão e do coração.

Chegaste, pé-ante-pé
E no silêncio das palavras
Dançámos no escuro
Aquela música que não havia parado
Despidos de preconceitos
Na harmonia e cumplicidade
Das palavras e das telas
Onde te pinto todos os dias
Em horizonte sempre verde
Num amanhã que nunca será tarde.

CONTRA A CORRENTE

Por mais organizados, controlados, e até politicamente correctos que tentarmos ser, devemos parar e pensar que não conseguimos planear e conduzir tudo ao milímetro, muito menos alguns dos nossos impulsos mais intrínsecos.

Devemos dar sempre uma margem, pôr de lado preconceitos, e, de mente aberta e inteligente perguntar ao nosso "eu" o que queremos realmente da vida.

Separar o trigo do joio não é certamente fácil, mas também quem não arrisca e está constantemente a analisar cada passinho que dá pode perder o barco para uma viagem interessante.

Fazer silêncio para ouvir o nosso "eu" é importante e vital para a nossa felicidade no sentido mais simples e lato da vida, e isto é sem sombra de dúvida o mais necessário e absoluto.

Para quê pretextos, rodeios, se a felicidade esta mesmo na palma da mão. Basta querer!

Uma palavra, um sorriso, são motores para mudança de atitudes e quiçá razões de sobra para dias felizes.

Nos gestos mais simples, encontram-se quase sempre motivos

que nos relacionam, e nos fazem sentir necessidade de estarmos próximos de nós mesmos.

Sou peixe que nada muitas vezes contra a corrente, teimosamente pensando que chegarei ao meu destino. Será que chego? Não chego? Sei que quero mesmo chegar.

NOVO AMANHECER

Sentada no sofá
Bebo um Porto Reserva
Saboreando gota-a-gota
Um néctar dos deuses

Traço a perna e recosto-me
Fechando os olhos por instantes
Num silêncio profundo
Sentindo o meu respirar

Ouço tua voz distante
Como que em sussurro
Por entre um alento sereno
Que me tranquiliza

Olho em frente e sorrindo
Medito sobre uma palmeira
De seguida reflicto
Nos meus quadros, um a um

Ainda estás aí?
Já ao longe respondes
Que tens de ir andando
Não gostas de despedidas

Pairando no ar

Fica o aroma que é só teu
O que resiste e insiste em ir ficando
Mesmo que tu já tenhas ido andando

Fecho os olhos
Gravo o teu sorriso pícaro
Tatuo na minha pele traços delicados e ternos
Do toque das tuas mãos

E adormeço até o novo amanhecer.

CONTO DA INSÓNIA COM A.D.D. GRAVIS

Q ualquer analogia é mera coincidência.

Insónias há muitas mas esta que padece do Distúrbio de Défice de Atenção, no original em inglês Attention Deficit Disorder no grau máximo ou seja Gravis, passa a noite a pensar no que lhe dá na telha e não, não é por causa da crise, nem por causa da política, nem por causa de nada, senão porque é assim como, que, modelo único.

A Sôdona Insónia como gosta de ser chamada porque se acha importante, começa a noite quase a não ser, quase quase a deixar de ser, quase quase a deixar embalar-se pelo cansaço.

De repente qualquer coisinha ínfima chega para a pôr em acção, e como que por magia desperta, e em estado de madorna passa horas a ver e rever assuntos dos mais diversos temas.

Assim num estado de que quer vencer e quase não consegue, numa sonolência bem preguiçosa, Sôdona Insónia, mantêm bem agarrada a presa em que se instala durante o tempo que lhe apetece, o que a faz sentir bem viva e teimosa como gosta de ser.

Por causa do tal distúrbio do défice de atenção, os clips de imagem passam tão depressa que não há concentração possível, e de manhã com a ressaca (do sono…vamos lá esclarecer…), ninguém se lembra de nada.

Na noite seguinte volta à carga e quando a semi-latência tenta instalar-se, agarra qualquer clipezinho de qualquer coisinha micro interessante, para inventar uma desculpa maior e assim manter o recluso divagando horas a fio.

Sôdona Insónia gaba-se de ter uma alminha que já se tem levantado para escrevinhar sobre assuntos que ela lhe leva ao cérebro com mais intensidade, durante as suas horas daquilo que ela considera de árduo trabalho não remunerado.

Ela vive feliz assim, ela é feliz assim, enquanto não a atacam com comprimidos para dormir, pois claro!

Na noite passada abriu uma janela a uma frase, deixando-a ainda que apenas uma pequena brecha aberta, durante mais uns minutos na cabecinha pensadora (da tal alminha que lhe dá atenção e acende a luz para escrevinhar umas quantas coisas) plim, a frase surgiu que nem pirilampo em noite de Verão:

- "Life sucks and then you die".

Ao contrário do que os mais novos pensam, esta frase não é original da Saga Twilight, não senhor.

A frase "Life sucks and then you die" tem mais alguns anitos e segundo a Wikiquotes é desconhecido o verdadeiro autor, no entanto, segundo os registos encontrados, pode chegar-se quase à conclusão que o autor é Stephen King, aquele senhor norte-americano que ama escrever contos de terror fantásticos e de ficção. O que por acaso, não é o caso deste Conto da Insónia, não só não é de terror, nem de ficção, e nem minimamente fantástico.

Voltando à enigmática frase, foi utilizada no romance de terror de Stephen King intitulado Pet Sematary de 1983 e proferida pelo protagonista Louis Creed, um médico de Chicago.

Pelo menos nos Estados Unidos da América esta expressão passou a ser viral desde então. Do romance seguiu-se o filme em 1989 com a banda sonora dos Ramones dando-lhe ainda mais divulgação.

"Life sucks and then you die" que em português poderá equivaler a algo como, a vida é uma porcaria e depois morres, poderá não só dar que pensar aos prisioneiros de insónias amigas ou conhecidas de Sôdona Insónia, como levar a diferentes conclusões e teorias sociológicas, psicológicas e até espirituais a quem se interessa por estes assuntos.

Mas sofrendo de A.D.D. gravis, Sôdona Insónia não dá tempo para a sua presa ficar no mesmo tema o tempo suficiente para analisar teorias; além do mais, ela é definitivamente uma Insónia feliz que não quer pensar em porcarias na vida ou na morte, para ela, tanto a vida como a morte só pode ser feliz.

PERSONALIZA-TE

Bebe em abundância da verdade
dos teus sentimentos
e sentirás que esse é o elixir
quase perfeito da tua felicidade.

Não bebas mais que duas
ou três gotas de ilusão
porque ela mascara o que sentes
e dá-te uma ressaca terrível.

Vê pelos teus olhos e age fiel à tua verdade sem receio de ser diferente;
afinal o teu código genético é apenas teu e por isso inigualável.

Inspira o cheiro da terra e expele tudo o que de tóxico se acumulou em ti,
renova-te, recria-te, personaliza-te, faz-te à tua medida.

CASINHA DE ALICE

Um belo dia, andava Alice a saltitar pelo seu mundo das maravilhas, e eis que foi convidada a beber uma nova poção.

Franziu o sobrolho como sempre faz quando em desdém, encolheu os ombros e seguiu caminho fazendo ouvidos moucos.

Ora vai uma, ora vão duas, ora vão três e Alice diz:

- Não sei se quero essa nova poção, na verdade, já estou cansada de poções...ora cresço ora fico minúscula, e raramente consigo ficar de novo como era!
- Não sei não, novas experiências já me estão a cansar a beleza!
- Mas afinal essa poção serve para quê?
- Para te sentires bem, para te sentires feliz.
- Eu já me sinto bem e feliz, e nem sei se vou gostar do sabor dessa poção; se não gosto? - Se não gosto, não quero beber. Aviso que sou muito esquisita com os sabores...não gosto de salgados e nem de muito doces, que enjoo!!!!

Lá vai uma, lá vão duas e lá vão três e Alice toma a poção de um só gole e sem hesitação.

De olhos arregalados, olha bem para si de alto a baixo e vê que ficou do mesmo tamanho, igualzinha. E afinal a poção era bem saborosa, nem muito doce, nem muito salgada, assim do tipo agridoce.

-Não sinto nada de diferente, posso beber mais?
-Não, agora vai com calma, um dia de cada vez e já te sentirás melhor e mais feliz, vais ver.

Alice passeou, passeou, parecia que tudo era novo que tudo era diferente. Saltitava com mais vigor, cantava, dançava e gargalhava de tal maneira que os amigos do seu mundo das maravilhas perguntavam-lhe que lhe havia acontecido; todos queriam saber qual era o seu segredo, todos queriam ficar assim feliz como ela.

Com a renovada energia, Alice construiu uma nova casinha, com aquela rapidez do fazer para ontem que lhe é tão particular.

A sua nova casinha era perfeita: pequenina, mas tinha tudo o que precisava, era confortável, acolhedora, cheia de luz, e claro...toda em tons de azul.

Um dia, houve um vendaval que lhe levou a sua perfeita casinha pelos ares e mais além. Pelos céus espalharam-se infinitas partículas de todos os tons de azul que foram pairando, pairando até finalmente se dissiparem e nunca mais se ver o mais ínfimo pedacinho da sua tão bela casinha.
Alice ficou boquiaberta, triste, muito triste até...mas num dos seus repentes muito peculiares, olhou à sua volta, franziu o sobrolho e disse para os botões do seu vestido azul-cobalto: - isto não me aconteceu pois não? - Isto não foi nada pois não?

Os seus amiguinhos responderam em uníssono um valente NÃO, e Alice como se nada de anormal tivesse acontecido, saltitou pelo seu mundo das maravilhas fora, fazendo ouvidos moucos a qualquer criatura que se atrevesse a oferecer-lhe novas poções, soltando as maiores e estrondosas gargalhadas enquanto que gritando que não precisava de ser mais feliz do que já era.

INTEMPORAL

S ecretamente
Percorro caminhos
Que são só nossos.

Mergulho o meu olhar
Em paisagens distantes
Tatuadas na minha pele.

O calor aconchega-me
O cheiro inebria-me
A sensação persiste.

Não há tempo que apague
Não há tempo que desista
Porque o tempo é infinito.

Secretamente
No mesmo caminho
Transportando em mim
O mesmo sentimento

De ontem
De hoje
De amanhã.

GOTAS

Gotas
Gotículas
Gotas
Vão caindo sobre mim
Embebendo-me de emoções
Preenchendo espaços
Numa alma que estava vazia

Gotículas
Gotas
Vou espalhando
Acrescentando-lhe mel
Embebendo de emoções
Quem me rodeia e me preza

Gota a gota
Alastrando-se ao mar
Mel, sal em perfeita harmonia
Sinfonia sem partitura
Ao sabor do vento
À graça da pura intuição

(IN)CERTEZAS

V ou arriscando
Teimosamente
Por uma estrada
Que não sei onde me levará

Certezas não tenho
O caminho apresenta-se
Com novas pedras
Que vou desviando

Correr atrás de quê
Não sei se sei
Apenas sei
Que não quero parar

Sonhos, objectivos
Parecem equidistantes
Sugerindo
Serem autênticos

De braços cruzados não fico

Olhar o nada
Tão pouco quero
Só porque a luta dá trabalho

Alma sequiosa
Por chegar
Por conseguir
Viver sem limites

TROCADILHO EM AÇO

*(Aço é uma liga metálica formada
essencialmente por ferro e
carbono, facilmente deformável
por fundição, mas que aqui é mais
por imaginação, ou talvez não!...)*

Num abraço,
deu-me um laço
com um só nó
que se soltou.

Desnorteado,
largou o abraço
e num só passo
se enleou.

Matreiro,

aquele abraço
que de um só laço
se atrapalhou.

CAMBALHOTA

Sentada
Na relva quente e húmida
Olhando o horizonte
Fitando os recortes
De uma serra longínqua,
Ganho balanço
E dou uma cambalhota.

Volto a sentar-me
Apenas mais à frente
Com o mesmo olhar
Fixando a mesma paisagem.
Fecho os olhos,
Interrogo-me em silêncio
Num silêncio interrompido
Pelas carícias do vento
Afagando as árvores,
Companheiras dispersas
De uma planície inerte.

- Devo voltar a sentar-me
No mesmo sítio?
Onde estava antes?
Mais atrás?

Abro os olhos,
Levanto-me,
Sacudo-me
E sigo em frente
Directa ao horizonte
Que há muito me espera.

GOSTO

De beber vinho tinto em balões grandes
para que o aroma invada o meu olfacto de rompante,
para depois e muito lentamente,
através do vidro finíssimo degustar,
gota a gota,
o néctar que me invade a alma e aquece o corpo.

De champanhe em flutes de cristal,
de cerveja em tulipas geladas,
de café em taças de porcelana e pauzinhos de canela.

De ostras pequenas com gotas de lima,
de caviar às colheres, de lagosta suada.

De um fim de tarde à beira-mar,
de uma noite ao luar,
de um céu azul-escuro estrelado.

De enterrar os pés na areia molhada
e imergir em mar calmo e tépido.
Mas sobretudo,
gosto de passear de cabelos ao vento,
de mão dada,
de passos compassados,
não pensar em nada mas pensar em tudo,

rir por tudo e por nada,
fazer silêncio e mergulhar em ti.

FEIXE DE LUZ

Das entranhas da terra
em acto espontâneo
quase explosivo
sai um feixe de luz rosa
tingido de vermelho escarlate
ponteado a oiro fino
de uma paixão
sem pudor
desinibida
desmesurada
descontrolada
como que em cio permanente
que se bate e debate
contra malhas de vida
exímia em valores e candores
que se arrastam
fugindo da estrada
erguendo-se ao céu
esfumando-se num nada
não sem antes pairando
como que hesitando
por entre o verde ténue
das malhas que se multiplicam
as entranhas da terra que lhe auguram a paixão
devoram a razão

e o azul por vezes nublado que lhe corta o ar
a respiração
lhe impede de ver com claridade
e p'ra lá do infinito
lhe redobra a hesitação
para de repente
espontaneamente voltar o desejo
de regressar ao ciclo inicial
e renovar-se
e redobrar-se
e ainda num feixe maior
e ainda mais tingido
de vermelho escarlate.

OLHARES

Olhar sem ver
Ver sem olhar
Ver sem sentir
Sentir sem ver.

Vejo sem olhar
Sinto sem ver
e depois (!?)...
acredito no mesmo olhar...

VIAGEM

Imagino-te em viagem
pensando em mim.

Em alto-mar
as ondas bambaleiam-te o pensamento.

Eu, bem de longe sigo também em viagem

Viagem
em silêncio,
num malfadado silêncio imposto.

Viagem longa?
Que sabemos nós...
Depende da intempérie.

Ondas tenebrosas se avistam
mas um dia sei que amainam,
terão de amainar, a seu tempo.

E porque tudo tem o seu tempo,
um dia voltamos desta viagem
chegando a bom porto.

Chegas, numa calmaria serena
e eu, já lá estou sentada no cais
vestida de branco puro como a minha alma.

De sorrisos rasgados, caminhamos em silêncio
de mãos bem apertadas e passos compassados, colados,
como na primeira vez que chegámos a outro cais.

Um dia,
prometo voltar a vestir o vermelho,
aquele, o tal vermelho que admitiste gostar.

À JANELA

Nesta enorme janela
nesta pacatez inerte
mirando bem o horizonte
vagueio, voando arrasando
e planando perco o norte.

Inquieta, indecisa,
irrequieta, frenética
bato asas e sigo em frente
para onde volto?
Pensava que sabia o caminho...

Continuo planando
e de olhos semi-cerrados
em reviravolta estonteante
regresso em voo rasante
e pouso na mesma janela de sempre.

REFÚGIO

Dias quentes e claros
Noites cálidas estreladas
Apaziguam em silêncio
O espírito navegador
De uma alma mística.

Pensamentos voadores
De sorrisos rasgados
De mãos quentes e ternas
Encerram razões
Para além de tempestades.

Refúgio para lá do tempo
Para lá da nascente
Para lá do caminho
Sem razão aparente
Do futuro enigmático.

AMOR-PERFEITO

Manhã cinzenta de Outono,
fresco agreste e húmido da planície
redobra o verde intenso da natureza
e eis que surge de repente
um alvor de meio-dia.

Sol intensifica os azuis de todos os céus,
verdes de todas as terras,
reluzindo
todas as águas de todos os mares
de todas as marés.

Numa Lua cheia
grandiosa e imponente
nasce um amor-perfeito
espontâneo, extemporâneo talvez…
que no meio do nada
cresce
tão de repente,
erguendo-se
grandiosamente
vaidoso do seu esplendor.

Mas nem a presunção
de ser o maior

lhe impede de ver as máculas

nas suas cores,
nos seus recortes, talhes e entalhes,
e diz-se perfeito?

Não,
apenas lhe deram esse nome…

Como todos que não gostam
de sua graça,
este, preferia mesmo
chamar-se "único".

AQUECER DE ALMA

Num alvoroço de trabalho,
De mau tempo
De contratempo
Eis um dia de Sol.
E como caracol saindo da casca
Assim saio eu bebendo deste ar
Deste aquecer de pele
Deste aquecer de alma.

FUI VÊ-LO

Cheguei e ele lá estava, imponente...
Sentei-me a olhá-lo em silêncio
Respirei fundo e inebriei-me com o seu aroma

Que saudades eu tinha
Desta visão tão bela
Deste cheiro tão penetrante

Tudo regressou à memória
Como na primeira vez que o vi
A primeira vez que o senti

Quedei-me imóvel recordando
Quedei-me imóvel exalando
Como que armazenando no espaço que reservo só para ele

Ele que nada me diz, mas me diz tanto
Ele que não me reconhece e há tanto que o visito
Ele que tanto contemplo e me inspira sempre

Mas ele lá estava todo majestoso
Dono de si, do seu espaço amplo e profundo
Pouco se apercebendo da azáfama domingueira

O mesmo de sempre, dum azul profundo

Elevando-se altivamente, enrolando-se sobre si
E caindo com toda a sua força opulenta

Todo o seu estrondoso ribombar embala
Numa cadência ritmada como que seguindo uma pauta
Escrita pelo mas eloquente mestre

De repente abandona toda a sua opulência
E de mansinho, muito lentamente, distende-se
Acariciando a sua eterna e alva companheira

Esta cumplicidade ímpar renova-se
Ela, impavidamente à sua espera
Ele, regressando sempre, afagando-a com a mesma ternura.

O MEU CAVALO BRANCO

Um dia sonhei
ter um cavalo branco
que me levasse a galope pela planície fora,
sem relógio no pulso, sem mapa nem bússola,
porque o meu cavalo branco
saberia sempre o caminho de regresso.

Já vi tantos cavalos brancos
altos, esbeltos, elegantes,
vejo-os montados por outros
cavalgando devagar;
fixo-os no meu olhar
e recordo o meu sonho.

Vagueio no bambolear do seu trote,
imagino que o mais belo,
o mais aprimorado é meu;
sinto-me a elevar no seu dorso

e de cabelos ao vento e pés descalços
sigo sem destino e sem norte.

...sempre imaginando que ele há-de saber o caminho de regresso!

LER-TE

Gosto de ler-te
assim
como quem lê as folhas do chá
em silêncio
fixamente
ininterruptamente
avidamente
pausadamente
interpretando cada pormenor
assim
como quem lê as folhas do chá.
Fecho os olhos meditando
e sofregamente
sorvo
o néctar extraído
desse teu olhar que li.

ESTRELA

Falei com uma estrela
a maior, a mais brilhante,
e mesmo já sabendo a resposta,
perguntei-lhe quem era
ao que me respondeu
ser a Estrela Polar.

Perguntou-me
porque gostava tanto dela
se seria porque era a mais brilhante
ou por ser conhecida
pela Estrela do Norte?

Sorri e respondi que pelas duas razões,
acrescentando que o seu cintilar
é tão radiante que consigo vê-la
mesmo quando as nuvens a tapam
mesmo quando tenho os olhos cerrados.

De repente, como se fosse possível
a sua claridade aumentou
iluminou tudo à minha volta
dizendo-me com voz firme e doce
que devia admitir que a luz que vejo
me dá força
porque me lembra

o olhar mais brilhante
aquele que mesmo à distância
consegue alumiar todo o meu caminho.

Rendida perante esta leitura
fruto de uma sabedoria sem igual
quedei-me de olhos semi-cerrados
e em silêncio
admiti o que há instantes ouvira.

ASAS - QUISERA EU

Quisera eu ter asas
E bem alto, bem longe voar,
Para além dos tempos,
Para além das vontades.

Quisera eu ter asas,
Para bem junto de ti voar,
E seguramente seguir
Para além das tempestades.

Quisera eu ter asas
Para teu anjo ser
E assim te proteger
Para além da eternidade.

DÁ-ME A MÃO E VEM!

Vem comigo,
dá-me a mão!

Mergulha no meu olhar,
como que, em água cálida e cristalina
fluindo livremente
num rio que desagua bem distante
em mar aberto,
em mar sem pranto.

Lê os meus olhos
e segue-me,
mas não venhas atrás de mim;
adianta o passo,
passa para meu lado
compassa-te em mim
e caminhemos juntos
de mãos dadas, sempre.

Consegues ver como eu?
Muito para lá do horizonte?
Sem olhar?
Nem precisas abrir os olhos, confia!

Consegues ver para além do que está visível?
Assim se lê a alma,

e eu abri-te a minha...
deixei-a aberta,
tal opúsculo que te ofereci
com página marcada.

Lê-me e nada temas,
porque para lá de qualquer perspectiva,
da minha, da tua,
de qualquer um de nós,
para além de qualquer óptica, miragem ou utopia
que pode ser mutante,
está apenas e só,
o que ainda nos falta viver.

Faz de mim tua musa, dá-me a mão e vem!

CAMINHO

Estrada fora
Por um novo caminho…
Azul, que se funde até ao céu
Com nuances de verde
De uma esperança que parece não perder-se.

Sincronizar vontades
Desejos, sonhos, verdades
Que saltitam por entre dias nublados
Ou outros radiantes de Sol
E plenos de arco-íris.

Estrada fora
Lentamente, deixando o tempo correr
Acreditando que este caminho azul é o correcto
Porque as nuances de verde estão lá
E em breve hei-de chegar.

INDIFERENÇA

Esta primavera que chega não chega
tardia de mim para mim parece
jogo de palavras que se tece
eternamente multiplicando-se.

Esta primavera que de mim brota
hesita, arrasta, e de repente volta
permanecendo inquieta, assim
como tu brincando às escondidas.

Quisera eu ser desprendida
de ti de mim, do sonho que sei eu…
de tudo, de todos talvez, e apenas ser
como nuvem leve que paira e se transforma.

PALAVRAS PARA QUÊ?

Há quem diga
que um gesto
vale mil palavras…
E quando gestos e palavras são tão escassos, raros?
Palavras banais, gestos banais há muitos.
Palavras gritantes, gestos gritantes são demais.
Gritos mudos, dou tantas vezes…
Ecoo por montes e vales esta falta de sensibilidade.
E se eu descansasse a caneta, se eu calasse a minha voz
Se começasse a ser como, as maiorias, dos, sem gestos e sem palavras?
Onde está a sensibilidade?
Será que está a desaparecer porque nem para ela há tempo?

A CAMINHO

Um dia encontraste-te comigo
no caminho que eu, já há muito percorria.
Percebi Quem te enviava
e amei-te desde o primeiro instante.

Tens seguido sempre comigo,
desde os teus primeiros passos,
por este caminho que eu creio ser o correcto;
teimosamente insistindo na mesma direcção.

Hoje caminhamos lado a lado,
ajudo-te a desviar das curvas, dos precipícios;
tu dizendo-me, não é preciso, eu já sei.
Eu, teimosamente não desistindo.

Nem tudo está previsto, nem ensinado,
nem sempre te poderei proteger.
Mas o caminho está bem traçado,
não te distraias, por favor.

Continuaremos sempre lado a lado.
Mas quando um dia, tiveres de seguir sozinho
não hesites, nada temas e lembra-te
que eu estarei apenas uns passos atrás de ti.

TELA BUCÓLICA

Os sons do silêncio
destacam
sussurros distantes
do chilrear dos pardais
que se confundem ao longe
com o cantar dos grilos,
o tilintar dos chocalhos das ovelhas
e o vento bamboleando
de árvore em árvore
como que prestando
carícias leves e sensuais.

Os cheiros
tornando-se aromas
dispersos que vão e voltam
mas onde o jasmim
é rei altivo e distante,
vai mas volta ainda mais inebriante.

Uma poupa real sobrevoa sem receio
e pousa passeando-se
por entre a erva fresca

salpicada de flores silvestres
em cores vivas de roxo
branco e amarelo
destacando-se ao longe
um vermelho de uma papoila
que gosta de estar sozinha e ergue-se
orgulhosa como que anunciando
aqui estou eu, só e feliz!

Num cantinho abrigado
um ninho guardado
e agasalhado por uma mãe
que esquece toda a agitação
dos outros pardais
para o seu rebento aquecer
acariciar e proteger
até que um dia
com suas próprias asas possa voar.

COMO UMA FLOR

Como uma flor vivaz que definha
murcha e morre no Outono;
nós também renascemos,
não apenas na Primavera
mas sim quando queremos.

Que interesse haverá então,
contar os anos, todos, muitos,
apelidando-nos ora de crianças,
ora de jovens, novos, velhos, velhotes, idosos…
Se o que importa é,
que a felicidade que nos transporta ao colo
fazendo-nos renascer,
nunca nos deixe cair!
a saúde que nos ampara
mantendo-nos vivazes
e de ânimo pleno
não deixe de nos proteger!
O abraço que nos aconchega,
jamais deixe de nos apertar!
A ternura que nos rodeia,
não nos abandone em tempo algum!

Só assim poderemos sentir
a leveza dos anos passando por nós,
saboreando a vida, e, partilhando
o que de melhor temos, com aqueles que amamos.
a mesma felicidade,
o mesmo abraço,
a mesma ternura,
o mesmo afecto.

DESPERTAR

Um dia despertei para a vida
E apercebi-me
Das glórias que em mim
Vão sendo reveladas.
Deleito-me ao reconhecê-las
Saboreio, vendo de olhos fechados
E revendo vezes sem fim
Todo o caminho percorrido.
Nada é feito ao acaso
Não existem curiosas coincidências
Tudo é delineado, planeado
Com a maior precisão.
Quantas lutas travadas
Quanta confiança, persistência até...
Sei donde vem esta força
E este sorriso dentro de mim.
Sinto na própria pele quem sou
E os porquês verdadeiros e absolutos;
Sei o que ainda poderei ser...
Desejo apressadamente o amanhã.

ÁRVORE FRONDOSA

Como árvore frondosa
Abro meus braços em direcção ao céu
Acolhendo todos que me querem bem.
Pernadas velhas desgastadas
Sem esperança de vida
Aparo-as para renascerem vivazes.
Ramos novos vão crescendo
Consistentes, saudáveis,
E eu sigo abraçando-os em igualdade.
Manter todos em equidade
Em consistência robusta
Sem atropelos, é utopia seguramente.
Todos os meus ramos querem ser
Melhores, mais resistentes
Mais especiais, mais únicos.
Vou resistindo, cuidando de todos
Por igual, como mãe zelando
Por todos os filhos com o mesmo afecto.

LEVITANDO

Dou por mim
Na penumbra e silêncio da noite
De sorriso rasgado

Caminhando montes e vales
Descobrindo novos horizontes.

De repente levito, voo planando,
E olhando tudo de longe,
Tudo que deixei para trás

Aumento a velocidade
Não quero voltar a descer.

Que faria eu sem ti meu anjo da guarda
Que me amparas dia e noite
Sem me deixares cair!
Quando me cansar de tanto voar
Deixas-me em teu colo repousar?

O MEU ARCO-ÍRIS

Escrevo em tons de azul porque gosto
e isto bastaria para alguns...
mas eu vou à raiz e à razão.
Bebo do que faz sentido
que até prefiro que seja assimétrico,
mas tem de me agradar e alimentar.
Não gosto de simetrias, detesto rotinas!
Gosto de olhar o céu
e ver infinitos tons de azul.
Gosto de olhar o mar
e ver todos esses tons que o céu lhe espelha.
e sinto a cor invadir-me a alma.
Mas também gosto de amarelo-laranja;
aquele que lembra o sol à tardinha,
que me aqueceu o corpo
me rejuvenesceu o espírito
me acalentou a alma
e está prestes a repousar até outro dia!

Depois gosto do verde,
aquele dos verdes prados
que a mãe natureza nos dá.
Aquele verde intenso
que vejo perder-se no horizonte
e me faz imaginar o que para além dele existe.
Afinal, gosto do arco-íris
porque te representa a ti, a ti e a ti também
que me acompanhas,
me fazes rir, ou rir e chorar ao mesmo tempo,
me aqueces a alma
me fazes pensar o que para além de ti melhor possa existir.

DE REPENTE

Sou e serei sempre uma sonhadora,
mas será que há algo mais belo que o concretizar de um
sonho?
A minha vida é,
e será uma música escrita por Alguém
que penso que conheço mas nunca lhe vi a cara,
e é composta de compassos lentos por vezes,
mas outras
são rápidos e altos como o meu canto de soprano,
mas a lírica, essa é sempre de minha autoria...
umas vezes boa, outras vezes má...
mas será sempre minha mesmo que nada mais tenha!

Sou peixes de signo e gosto de partilhar
a criatividade que brota de mim,
gosto da transparência e da verdade...

De repente, os compassos apressam-se
e sem que perca o ritmo
sinto-me impelida a seguir
numa outra direcção na pauta,

e avanço para a parte mais bela,
a mais sublime melodia se ouve em mim,
e eu jamais quero silenciar essa musica
que a partir de agora
será a minha vida porque tu fazes parte dela.

AO SABOR DO VENTO

O verde já começa a brotar de novo
tudo se vai transformando ciclicamente
sem que o homem nada faça!

Corremos, lutamos para fazer tanto
mas depois a natureza aparece-nos assim
ainda mais bela, mas mais fria.

Nostalgia dos dias quentes traz-nos
preguiça, um pouco de apatia talvez...
faz-nos recolher, procurar aconchego.

E eu que faço no Outono da minha vida
este outono que mais primavera parece
pela explosão de cores que persiste e resiste.

Deixo-me levar como o vento e as marés
permitindo que as estações me transportem
me transformem assim e apenas ao sabor do vento.

MAR DO NORTE

Deitada no meu leito
Olho ao meu redor
E aprecio minuciosamente
Os arabescos azuis
Sarapintados nas
Paredes que eu
Meticulosamente mandei pintar.

Olho o tecto
Amarelo como o Sol ao amanhecer,
E o meu olhar vai girando
Parando numa moldura azul,
Numa fotografia
Onde o azul do mar e céu
Se unem em plenitude serena.

O salpicado branco das nuvens
E espuma do mar
Fazem lembrar irmãos idênticos
De simetrias diferentes.

Um minúsculo rochedo
Paira imponente
Sendo sistematicamente
Banhado por aquela água gelada
Azul-turquesa
Deixando auréola
Branca espumosa e leve.
Permaneço nesta praia
Neste mar gélido do norte
Que tantas vezes aquece o meu coração.

Transporto-me
Ao local onde
Pela primeira vez
Vi esta praia
Transporto-me
No tempo, no espaço
E na presença
De quem tinha a meu lado.

De olhos já fechados
Saboreio toda a magia
Viro-me para o outro lado
Enrosco-me
E em posição quase fetal
Adormeço.

LENÇÓIS DE CETIM

Mais uma noite esperando por ti...
Deito-me despida de preconceitos
Mas nunca de sôfregos desejos de ti
Nos nossos lençóis de cetim branco
E cheiro a tua almofada
E enrolo-me, e rebolo-me como se fosse em ti.

Chegas não chegas que faço?
Como um morango, e seu suco vai pingando
Nos nossos lençóis de cetim branco
Como pingos de meu coração
Soluçando por ti e para ti.

Já exausta, adormeço enrolada
Nos nossos lençóis de cetim branco
Agora amachucados e manchados de escarlate
Como os teus lábios quando não paras de me beijar
E acordo com o teu beijo, aquele, o da noite
O da manhã, o do nosso acordar
Aquele no pescoço que me faz levitar

E acreditar que afinal estarás sempre aqui.

MIOSÓTIS

*(Flor Miosótis – em linguagem
das flores - significa recordação,
fidelidade e amor verdadeiro.
É também conhecida como
"Não-me-esqueças")*

Quando te levo para a cama
Não consigo dormir.
Conto as estrelas uma-a-uma
e ainda assim não consigo dormir.
Absorves-me
Possuis-me
Amarras-me
Em teias engenhosamente entrelaçadas
De fios azuis cintilantes
Como múltiplos relâmpagos
Numa tempestade
Abençoadamente
Molhada de tinta azul índigo

Com que te escrevo
Descrevendo
E reescrevendo
Saciando
A insaciável fome sedenta
De tudo que te adjectiva
Te descreve
Te alimenta
Te adorna
Te preenche
Te envolve e enleia
Numa coroa azul-celeste
De minúsculas miosótis
Símbolo da maiúscula fidelidade
Pelas palavras que levo para a cama
E não me deixam dormir.

LIVRO EM BRANCO

Recebi uma embalagem sem remetente, coberta de um papel azul, fino e transparente, que impedia que a imaginação voasse, tentando adivinhar o que seria ou até idealizar que não era um livro que ali estava nas minhas mãos, mas sim qualquer outro objecto com a mesma forma rectangular.

Antes de abrir, olhando o horizonte, sintonizei a intuição na tentativa de adivinhar quem teria enviado o embrulho que estava nas minhas mãos, e esboçando um sorriso, descolei cuidadosamente o papel sedoso e azul que guardei.

Ao abrir o livro, qual espanto meu, verifiquei que as suas páginas em branco pérola estavam imaculadas, como que, à espera que alguém as preenchesse com o mais fascinante guião, o mais incrível romance, o mais sugestivo poema, ou a mais bela e inenarrável história, num manuscrito pessoal e intransmissível.

Esboçando o mesmo sorriso, coloquei o livro numa prateleira à espera da chegada da escrita narrável e apropriada para a alvura de tais páginas, mas quando algo ajustado e parecido com o ideal espreita à janela da redacção, uma vozinha sussurra: - não escrevas nada por agora, amanhã podes arrepender-te e terás de apagar - deixando inevitáveis manchas na cor pura das páginas em branco pérola.

A vontade de escrever, de preencher todas aquelas páginas brancas que me foram enviadas, com um presumível mas envergonhado convite, para ser eu a preencher as palavras que ainda não existem, é enorme; mas resisto e insisto em ouvir a voz que me sussurra de quando em vez que me vai repetindo com voz doce mas firme: - espera um pouco mais, dá tempo ao tempo e amanhã perceberás todos os porquês dos silêncios, das dúvidas, das hesitações, de todos os interregnos e de todos os sentimentos que te confundem, assolam e interrogam sobre a escrita que tanto queres fazer crescer, mas receias não saber desenvolver e manter, de forma quase perfeita como tanto gostas.

- Amanhã hás-de perceber!

www.ingramcontent.com/pod-product-compliance
Lightning Source LLC
Chambersburg PA
CBHW071744150726
47998CB00005B/1794